# Geheim
# schriften

ANDREA SGARRO
Dr. MARCUS WÜRMLI

# Geheimschriften

## Verschlüsseln und Enträtseln von Geheimtexten

WELTBILD VERLAG

Redaktion der italien. Ausgabe: Giuseppe Parisi
Layout: Simona Aguzzoni, Giorgio Seppi
Zeichnungen: Lino Simeoni

Bildnachweis:
Alle Fotografien stammen vom Archiv AME,
mit Ausnahme jener auf S. 80 (Archiv Adelphi).

Die Originalausgabe erschien unter dem Titel »Codici Segreti«


ISBN 3-89350-162-2

Übersetzung und Bearbeitung: Dr. Marcus Würmli
Redaktion der deutschen Ausgabe: Gabriele Fentzke
Printed in Italy

# Inhaltsverzeichnis

# Einführung

*Romanautoren, die sich einen Bestseller wünschen, wissen sehr wohl, daß eine Botschaft in Geheimschrift an der richtigen Stelle sicheren Erfolg verspricht. Das wußte Jules Verne, der sich offensichtlich über die kryptographischen Fortschritte seiner Zeit sorgfältig informiert hatte. Auch Umberto Eco macht von diesem Trick Gebrauch: Der Kryptologe und Alchimist (eine glückliche Verbindung!) Trithemius ist eine der Schlüsselfiguren – stumm zwar, aber allgegenwärtig – seines neuesten Romans »Das Foucaultsche Pendel«. Kryptographie, Spannung, Spione in dunklen Ecken ... das sind herkömmliche Bilder, die aber von anderen Assoziationen empfindlich gestört werden: Gehören Geheimschriften neben Rebus, Scharaden und Kreuzworträtseln nicht zu den beliebtesten Spielen der Rätselzeitschriften? Kryptographie nur als Zeitvertreib im Wartesaal oder während einer langen Reise ... Das ist aber keineswegs der Fall. Natürlich übt die Kryptographie eine etwas düstere Faszination aus, warum sollten wir das leugnen? Oft grenzt sie an das Spiel, aber eben nicht an die ewig gleichen Spiele der Rätselzeitschriften. Zunächst ist die Kryptographie eine ernstzunehmende und überaus aktuelle Wissenschaft. Militärs und Diplomaten sind seit jeher auf Geheimschriften angewiesen gewesen. Heute hat sich das Anwendungsgebiet der Kryptographie aber enorm ausgeweitet: Krankengeschichten in den Kliniken dürfen nur von autorisierten Personen eingesehen werden; in die Datenbanken der Banken darf keiner eindringen, und die äußerst komplizierten und verzweigten, untereinander vernetzten Computersysteme müssen vor den berüchtigten Hackern geschützt werden. Die Kryptographie ist heute eine Domäne der Mathematiker, der Informatiker, der Statistikexperten und der Fernmeldetechniker. Es gibt wissenschaftliche Kongresse, Fachzeitschriften und Lehrbücher.*

*In diesem Buch finden viele Seiten der Kryptographie genügend Raum, die romantische und abenteuerliche, die spielerische und wissenschaftliche mit ihren Regeln und sogar Theoremen. Wir gehen hier historisch vor, beginnen bei den ersten zaghaften Anfängen in der Antike und gelangen bis zur Kryptographie der Zukunft. Und weil die Kryptographie so viele Bereiche des menschlichen Lebens umfaßt, können wir in ein und demselben Buch vom tragischen Tod Maria Stuarts, der Erzeugung von Pseudozufallsziffern, dem Untergang der »Lusitania«, Statistik und hohen Primzahlen sprechen. Am Ende jedes Kapitels gibt es einige Übungen, Aufgaben oder raffinierte kryptographische Rätsel zum Selberlösen ... vielleicht in einem Wartesaal, wenn der Zug auf sich warten läßt.*

ממתוס
ננקפי
אאלרן

# 1 Julius Cäsar, die Skytale und die Atbasch

Seit den ältesten Zeiten verwenden die Menschen Geheimcodes, um eine Nachricht zu verschlüsseln, so daß sie nicht jeder lesen kann. In altägyptischen Gräbern finden wir sehr viele Beispiele für verschlüsselte Inschriften: Die Ägypter schrieben ihnen damals neben dem praktischen auch einen magischen und religiösen Wert zu. Auch wir fangen in diesem Buch ganz früh in der Geschichte an. Die Geheimcodes, die wir in diesem ersten Kapitel beschreiben, sind schon gut 2000 Jahre alt. Heute ist ihr praktischer Wert sehr begrenzt. Sich mit ihnen zu beschäftigen, hilft uns aber, langsam in die Materie einzudringen.

**Cäsars Schlüssel**

In seinem Werk über die ersten zwölf Kaiser beschreibt der römische Schriftsteller Suetonius, der ungefähr von 70 bis 140 n. Chr. lebte, ein Chiffriersystem, das Gaius Julius Cäsar verwendet haben soll: »Es existieren auch Briefe an Cicero und an Bekannte über Dinge, in denen er, wenn etwas vertraulich übermittelt werden mußte, in Geheimschrift schrieb. Er veränderte die Ordnung der Buchstaben derart, daß kein einziges Wort mehr erkenntlich war. Wer das nachvollziehen will, muß den vierten Buchstaben des Alphabets, also das D, an die Stelle des A setzen, und so weiter ...«

*Auf diesem Gemälde aus dem Jahr 1636 stellt Rembrandt das berühmteste Kryptogramm der Welt dar. Eine übernatürliche Hand schreibt auf die Mauer in hebräischen Buchstaben eine geheimnisvolle Botschaft: Mene, tekel, phares. Die entsprechende Geschichte können wir in der Bibel, im fünften Kapitel des Buches Daniel nachlesen. Unmittelbar links ist der Schlüssel von Cäsar dargestellt: Jeder Buchstabe wird von jenem Buchstaben ersetzt, der drei Stellen weiter im Alphabet steht. Kaiser Augustus war diese Verschlüsselung offensichtlich schon zu anstrengend. Er beschränkte sich darauf, den nächstfolgenden Buchstaben einzusetzen. So erzählt uns mindestens der Historiker Suetonius.*

Auch Kaiser Augustus soll ein ganz ähnliches System verwendet haben: »Jedesmal, wenn er in Geheimschrift schrieb, setzte er ein B an die Stelle des A, ein C an die Stelle des B usw. für alle Buchstaben ...« Das Alphabet der klassischen lateinischen Sprache setzt sich aus nur 21 Buchstaben zusammen, denn es fehlen die Lettern J, U, W, X, Y und Z. U und V wurden gleich geschrieben. Y und Z wurden später ins lateinische Alphabet aufgenommen, um griechische Wörter darstellen zu können. J und W fanden erst im Mittelalter Eingang. In der Abbildung auf Seite 9 sind die 21 Buchstaben kreisförmig angeordnet. Das hat zur Folge, daß auf den Buchstaben X wieder das A folgt. So hat jeder Buchstabe einen Nachfolger. Nehmen wir als Beispiel den berühmten Satz, den Julius Cäsar im Jahr 49 v. Chr. auf seinem Weg nach Rom gesagt haben soll, bevor er seine Legionen den Rubikon überschreiten ließ:

ALEA IACTA EST

(»Der Würfel ist gefallen.«) In Geheimschrift wird daraus

DOHD MDFAD HXA

Der lapidare Bericht über die Schlacht bei Zela:

VENI VIDI VICI

(»Ich kam, sah und siegte«) lautet:

BHQM BMGM BMFM

Der Schlüssel von Julius Cäsar beruht also auf der folgenden Substitution (Verschiebung):

| | | | | | | | | | | | | | | | | | | | | |
|---|---|---|---|---|---|---|---|---|---|---|---|---|---|---|---|---|---|---|---|---|
| A | B | C | D | E | F | G | H | I | K | L | M | N | O | P | Q | R | S | T | V | X |
| D | E | F | G | H | I | K | L | M | N | O | P | Q | R | S | T | V | X | A | B | C |

Dabei wird der Klartext, also das normale Alphabet in der ersten Zeile, durch den Geheimtext der zweiten Zeile ersetzt.
Der Leser wird es schon bemerkt haben: Das lineare Alphabet oben enthält die gleichen Informationen wie die Zeichen auf Seite 9.

Um einen Geheimtext, ein Kryptogramm, entschlüsseln oder dechiffrieren zu können, arbeitet man von unten nach oben anstatt von oben nach unten. In ähnlicher Weise kann man auch die Scheibe auf Seite 9 verwenden: Man muß jedesmal nur um drei Stellen im Gegenuhrzeigersinn zurückgehen. Nehmen wir als Beispiel den Geheimtext:

KDOOMD RPQMD HXA GMBMXD MQ SDVAHX AVHX

Entschlüsselt oder dechiffriert ergibt sich der folgende Klartext:

GALLIA OMNIA EST DIVISA IN PARTES TRES

An diesem Punkt schlagen wir dem Leser eine Aufgabe zur Lösung vor: In welchem Sinn dreht die folgende Verschiebung

| | | | | | | | | | | | | | | | | | | | | |
|---|---|---|---|---|---|---|---|---|---|---|---|---|---|---|---|---|---|---|---|---|
| A | B | C | D | E | F | G | H | I | K | L | M | N | O | P | Q | R | S | T | V | X |
| T | V | X | A | B | C | D | E | F | G | H | I | K | L | M | N | O | P | Q | R | S |

die Substitution von Cäsar um? Man bemerke, daß man damit Kryptogramme entschlüsseln kann, indem man von oben nach unten vorgeht!

**Die Skytale der Spartaner**

Gehen wir in die griechische Antike. Hier ist das griechische Alphabet, wie es 403–402 v. Chr. offiziell in Athen verwendet wurde:

| | | | | | | | | | | | | | | | | | | | | | | | |
|---|---|---|---|---|---|---|---|---|---|---|---|---|---|---|---|---|---|---|---|---|---|---|---|
| Α | Β | Γ | Δ | Ε | Ζ | Η | Θ | Ι | Κ | Λ | Μ | Ν | Ξ | Ο | Π | Ρ | Σ | Τ | Υ | Φ | Χ | Ψ | Ω |
| A | B | G | D | E | Z | E | Th | I | K | L | M | N | X | O | P | R | S | T | Y | Ph | Ch | Ps | O |

Der griechische Historiker Plutarch, der zur selben Zeit wie Sueton lebte, beschrieb die Skytale der Spartaner (Zeichnung unten links). Es handelt sich um einen Chiffrierstab, von dem der Absender wie der Empfänger je ein völlig gleiches Exemplar besitzen mußten. Um den Stab wickelte man einen Streifen aus Papyrus oder Pergament. Die Botschaft schrieb der Absender in Längsrichtung auf den Stab. Das Band wurde dann abgenommen und dem Empfänger zugestellt. Dieser konnte die Botschaft mit Hilfe seiner Skytale lesen. Mit diesem System konnten die Ephoren, die höchsten Beamten Spartas, den Strategen oder Generälen des spartanischen Heeres im Kriegsfall geheime Nachrichten zukommen lassen.
In der Abbildung unten rechts ist ein Chiffriersystem dargestellt, das auf dem Prinzip der Skytale beruht. Es hat allerdings den Vorteil, daß es sich

*Links die spartanische Skytale. Der Klartext wird längs auf einen Stab geschrieben, um den ein Papierstreifen gewickelt wurde. Das Kryptogramm erhält man dann, indem man das Band abwickelt. Die Skytale wurde vom griechischen Historiker Plutarch erwähnt. Rechts davon ist eine Verschlüsselung wie bei der Skytale abgebildet. Sie ist allerdings viel einfacher herzustellen: Anstelle des Papierbandes verwenden wir ein kariertes Stück Papier.*

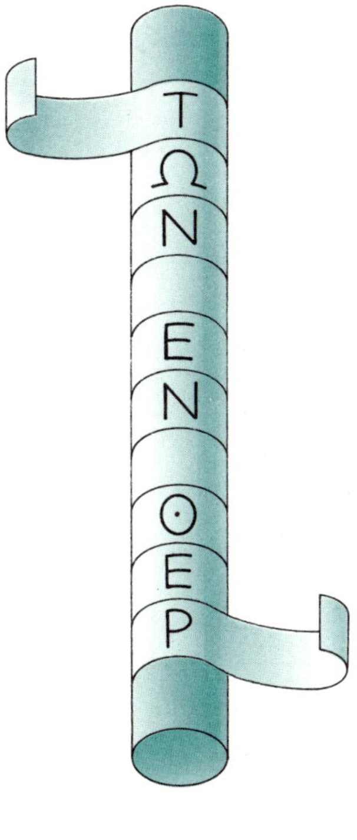


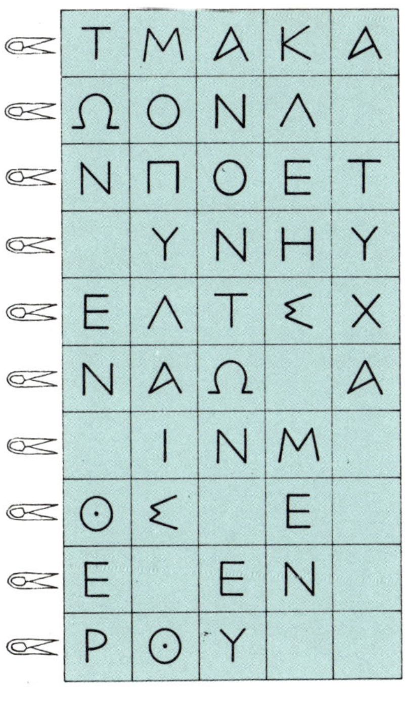

nur auf einem Stück Papier darstellen läßt. Man schreibt die Botschaft in Spalten von oben nach unten und beginnt dabei links außen. Danach schneidet man die Zeilen aus und klebt sie aneinander, wobei man mit der obersten beginnt. Dem Klartext (übersetzt: »Das Schicksal der an den Thermophylen Gefallenen ist ruhmvoll«)

ΤΩΝ ΕΝ ΘΕΠΜΟΠΥΛΑΙΣ ΘΑΝΟΝΤΩΝ ΕΥΚΛΕΗΣ ΜΕΝ Α ΤΥΧΑ

entspricht der Geheimtext

ΤΜΑΚΑΩΟΝΑ ΝΠΟΕΤ ΥΝΗΥΕΛΤΣΧΝΑΩ Α ΙΝΜ ΘΣ Ε Ε ΕΝ ΠΘΥ

*Rekonstruktion der Stadt Babylon mit dem Ischtar-Tor. Im Hintergrund befindet sich ein Zikkurat, eine Stufenpyramide. Sie bot wahrscheinlich Anlaß zur Legende vom babylonischen Turm.*

Natürlich hat der Empfänger der Geheimbotschaft keinerlei Schwierigkeiten bei der Dechiffrierung. Im Unterschied zu den Chiffren von Cäsar und Augustus werden die Buchstaben bei der Skytale nicht verschoben, sondern umgestellt oder versetzt, wie bei einem Anagramm.

**Die hebräische Atbasch**

Auf der Seite unten sind die Buchstaben des hebräischen Alphabets mit ihren entsprechenden Namen in deutscher Übertragung dargestellt. Die Reihenfolge ist für uns ungewohnt.

In der ersten Reihe beginnen wir links und lesen nach rechts; in der zweiten Reihe schreiben wir die noch fehlenden Buchstaben von rechts nach links.

Bei der Atbasch werden die Buchstaben des Klartextes hintereinander folgendermaßen verschlüsselt: Wenn der Buchstabe des Klartextes in der oberen Zeile steht, nimmt man den entsprechenden Buchstaben der unteren Zeile und umgekehrt. So wird aus dem alef ein taw und das bet wird schin geschrieben. Durch diese Vorschrift

| | | | | | | | | | | |
|---|---|---|---|---|---|---|---|---|---|---|
| alef | bet | gimel | dalet | he | waw | sajin | chet | tet | jod | kaf |
| א | ב | ג | ד | ה | ו | ז | ח | ט | י | כ |
| taw | schin<br>sin | resch | kof | zade | pe | ain | samech | nun | mem | lamed |
| ת | ש | ר | ק | צ | פ | ע | ס | נ | מ | ל |

erklärt sich auch der Name des Chiffriersystems.
Die Atbasch wird in der Bibel verwendet, genauer gesagt im Buch Jeremias. Dort lautet der Name Babylons auf hebräisch

ב ב ל (= babel)

Daraus wird

ש ש כ (= scheschach)

Der Leser hat sicher schon bemerkt, daß bei dieser Schrift die Vokale fehlen. Dies ist in den semitischen Sprachen wie dem Arabischen oder dem Hebräischen üblich. Heute bezeichnen einzelne Punkte oder Linien ober- oder unterhalb der Konsonanten des leichteren Verständnisses wegen die Vokale. Im Hebräischen wie im Arabischen schreibt man von rechts nach links. Aus diesem Grund steht das lamed vor den beiden bet und das kaf vor den beiden schin.
Eine moderne Variante des Atbasch könnte die folgende Zusammenstellung sein:

B C D F G H J K L M
Z X W V T S R Q P N

Aus lauter Bosheit haben wir dabei die Vokale weggelassen. Der folgenden Botschaft im Klartext

W S H N G T N

entspricht »Washington«, allerdings ohne Vokale, auf semitische Art. Verschlüsselt wird daraus

D H S M T G M

Um an die Verschiebechiffre von Cäsar (siehe Seite 10) anzuschließen, läßt sich die Verschlüsselung der Atbasch folgendermaßen darstellen:

ת ש ר ק צ פ ע ס נ מ ל כ י ט ח ז ו ה ד ג ב א
א ב ג ד ה ו ז ח ט י כ ל מ נ ס ע פ צ ק ר ש ת

Um Botschaften im Klartext zu verschlüsseln, geht man von der oberen Zeile zur unteren. Beim Dechiffrieren eines Kryptogramms schlägt man die umgekehrte Richtung ein – aber eigentlich ist diese Angabe ohne Bedeutung, denn die Verschiebechiffre der Atbasch zeigt eine sympathische Symmetrie.

**Ein kleiner Kommentar**
Die drei Chiffriersysteme, die wir hier beschrieben haben, zeigen die beiden Hauptprinzipien, auf denen die Kryptographie beruht: die Substitution oder Verschiebung und die Transposition oder Verwürfelung oder Versetzung. Cäsars Schlüssel und die Atbasch machen von der Substitution Gebrauch. Jedem einzelnen Buchstaben des Klartextes entspricht im Geheimtext ein anderer festgelegter Buchstabe. Die Skytale hingegen verwendet die Transposition: Die Buchstaben des Geheimtextes sind dieselben wie im Klartext, werden aber durcheinandergewürfelt, so daß die ursprüngliche Ordnung verlorengeht.
Sind diese Chiffriersysteme sicher, oder kann ein Spion sie ohne große Mühe knacken? In den Beispielen, die wir hier gebracht haben, ist ein Element »zufälliger« Sicherheit enthalten. Es hat nichts mit den Geheimcodes zu tun und beruht ganz einfach darauf, daß wir die lateinische, die griechische oder die hebräische Sprache beziehungs-

*Der Turm von Babylon ist das bekannteste Symbol für die Verwirrung des Menschen. Der Maler Brueghel kam mehrere Male auf dieses Thema zurück. Das abgebildete Gemälde befindet sich im Kunsthistorischen Museum in Wien.*

weise ihre Alphabete verwendet haben. Heute könnte jemand mit gutem Recht sagen, daß eine hebräisch abgefaßte Botschaft, einmal abgesehen von den Geheimcodes, kaum zu knacken ist. Diese eher zufällige Sicherheit der Botschaft ist aber schließlich doch aufzulösen. Man muß sich nur an einen Experten der hebräischen Sprache wenden, sofern natürlich nicht ein wesentlich komplizierteres Chiffriersystem verwendet wurde als die Atbasch. Die »zufällige« Sicherheit ist also nicht besonders bedeutsam: Sie kann einem Spion zwar Ärger bereiten, weil die Dechiffrierung verzögert wird, verhindern wird sie die Entschlüsselung nicht.

Auf der anderen Seite ist zu bedenken, daß das Lateinische, das Griechische und das Hebräische zu der Zeit, als die entsprechenden Chiffriersysteme verwendet wurden, lebende und weit verbreitete Sprachen waren. Andererseits darf man aber auch nicht vergessen, daß jede Schrift bei Völkern mit geringem Alphabetisierungsgrad ein Geheimnis darstellt, ja geradezu magische Züge annimmt.

In diesem ersten Kapitel sind wir schon einigen typischen Begriffen der Kryptographie begegnet. Diese Wissenschaft beschäftigt sich mit den Geheimcodes und der Verschlüsselung. Das griechische Wort »kryptós« bedeutet »verborgen«, »geheim«, und »gráphos« steht für »Schrift«. Weitere wichtige Begriffe dieser Wissenschaft werden wir im nächsten Kapitel kennenlernen. Dort behandeln wir ein System, das sich an die Substitution von Julius Cäsar anlehnt, aber viel weniger starr ist.

Die drei Beispiele dieses Kapitels jedenfalls sind viel zu einfach, als daß die Geheimschriften wirklichen Schutz böten. In der kryptographischen Terminologie spricht man denn auch von degenerierten Co-

des. Dieses Adjektiv tönt beunruhigend und wenig respektvoll gegenüber Julius Cäsar, Leonidas und dem Propheten Jeremias. Man weiß übrigens nicht, warum dieser den Namen von Babel in seinem Text verschlüsselt hat, besonders weil dieses Wort in den benachbarten Versen auch im Klartext erscheint. Wahrscheinlich hat dies mit dem magischen Aspekt der Geheimschrift zu tun.

## *Übungen*

1. Eines dieser beiden Kryptogramme, nämlich
DBGHQAHX IRVABQD MBBDA
GFTVKOB MFOVF
wurde von Julius Cäsar, das andere von Kaiser Augustus abgesandt. Wie ist die Zuordnung?

2. Verschlüsseln Sie mit dem System von Cäsar und dann von Augustus die folgende Botschaft:
AD AVGVSTA PER ANGVSTA
(»Zu königlichen Ergebnissen gelangt man nur über enge Wege«, man beachte die Kürze des Lateinischen und denke daran, daß V auch U bedeuten kann!)
Schreiben Sie die beiden Kryptogramme übereinander und bilden Sie nach folgender Regel ein weiteres Kryptogramm: Der erste, dritte, fünfte ... Buchstabe stammt aus dem Kryptogramm von Cäsar, der zweite, vierte, sechste ... aus dem von Augustus. Was halten Sie von der Sicherheit des Chiffriersystems, das wir eben erfunden haben?

3. Die Skytale, die wir beschrieben haben, hat zehn Zeilen und fünf Spalten. Wie chiffriert man die lateinische Botschaft
AQUILA NON CAPIT MUSCAS
(wörtlich übersetzt: »Ein Adler fängt keine Fliegen«), wenn man eine Skytale mit acht Zeilen und drei Spalten zu Hilfe nimmt?

4. Wie entziffert man das Kryptogramm
AE*NMHIIOMNRUIRSSE*STME*
wenn man die Skytale der obigen Übung zu Hilfe nimmt?
Achtung: Die Sternchen stehen für Leerstellen!

5. Verschlüsseln Sie mit der modernisierten Atbasch den folgenden Klartext, dem die Vokale fehlen:
DR HRR HT S GGBN, DR HRR HT S GNMMN

*(Lösung auf Seite 125)*

I II III IIII V VI VII VIII IX X XI XII XIII XIIII XV XVI XVII XVIII XIX XX
A B C D E F G H I L M N O P Q R S T V Z

# 2 Substitutionsschlüssel

Von nun an verlassen wir das hebräische und das griechische Alphabet, auch wenn beide heute noch in Gebrauch sind. Wir beschränken uns auf das lateinische Alphabet, sofern uns die Computer nicht dazu zwingen, binäre Zeichen zu verwenden. In diesem Fall wären es die Null und die Eins.

**Wir wählen das Alphabet**
Wir haben uns aber noch nicht genügend deutlich ausgedrückt: Wieviele Buchstaben hat das Alphabet, das wir verwenden wollen? Ein Italiener würde 21 sagen, der Deutsche und der Engländer kämen auf 26, denn beide wollen nicht auf das J, K, W, X und Y verzichten. Aber Achtung: Dabei haben wir uns stillschweigend damit abgefunden, daß wir keinen Unterschied zwischen Groß- und Kleinschreibung machen, und von den verschiedenen Schriftformen wie kursiv oder Versalien wollen wir gar nicht reden. Und was ist mit den zehn Ziffern 0, 1, 2, 3, 4, 5, 6, 7, 8, 9? Wollen wir sie verschlüsseln oder im Klartext belassen? Und damit noch nicht genug: Es gibt auch noch die Satzzeichen

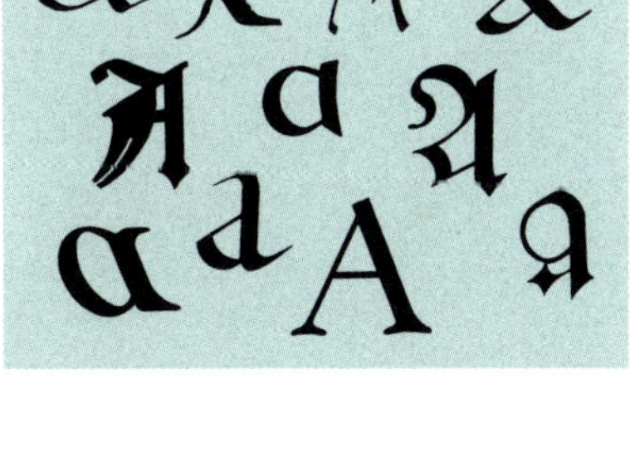

. , : ; ! ?

Dann gibt es noch ein weiteres Symbol, nämlich den leeren Raum zwischen den Wörtern. Und selbst das reicht noch nicht aus. Sind e, è und é ein und derselbe Buchstabe? Das gleiche Problem stellt sich im Fall von u und ü, von n und ñ, von c, ç und č usw. Wir Deutschen sind vielleicht nicht willens, auf die Umlaute zu verzichten; die Spanier wollen ihre Tilde über dem n nicht aufgeben, die Franzosen nicht auf das c mit der Cédille verzichten. Und die slawischen Völker kennen eine große Zahl diakritischer Zeichen, zum Beispiel auf dem c. Tatsächlich hat eine Schreibmaschine ja auch deutlich mehr als 26 Tasten. Wir müssen uns nun aber zu einer Entscheidung durchringen. Wir begnügen uns mit dem Einfachsten: Im Klartext werden wir weder In-

*Eine Chiffrierscheibe, vorgeschlagen vom berühmten Kryptographen Giovanni Battista della Porta.*

*Der Philosoph und Architekt Leon Battista Alberti. Er verkörperte die Universalbildung der italienischen Renaissance.*

terpunktion noch Umlaute, Tilden, Cédille und andere diakritische Zeichen verwenden. Wir verzichten sogar auf die zehn Ziffern. Das zwingt uns, die Zahlwörter auszuschreiben, also dreihundertzwölftausendvierhundertfünfundsiebzig statt 312.475. Die Wortabstände werden wir in der Regel beibehalten. In Wirklichkeit ist dies aber ein kryptographischer Fehler, denn daraus kann man wertvolle Rückschlüsse ziehen.

Rekapitulieren wir also: Unser Alphabet hat im Klartext 26 Buchstaben, die üblicherweise wie folgt angeordnet sind:

A B C D E F G H I J K L M N O P Q R S T U V W X Y Z

Es ist kein Zufall, daß diese Buchstaben auf einem helltürkisfarbenen Band stehen. Von jetzt an bleibt diese Farbe für Texte in Klarschrift reserviert. Auf dunkeltürkisfarbenem Hintergrund stehen die chiffrierten Kryptogramme. Die Buchstaben können kreisförmig angeordnet sein wie auf Seite 9. In unserem klassischen lateinischen Alphabet folgt auf das Z unmittelbar dann das A.

**Einige kryptographische Begriffe**

Bevor wir weiter fortfahren, wollen wir einige Fachbegriffe der Kryptographie definieren. Damit vermeiden wir Zweideutigkeiten, und im Laufe der Lektüre werden uns diese Begriffe in Fleisch und Blut übergehen.

Die Begriffe Chiffre, Schlüssel, Geheimcode fassen wir hier vorerst als Synonyme auf. Es handelt sich jeweils um ein System von Regeln, mit deren Hilfe man einen Klartext, der geheimzuhaltende Informationen enthält, in eine chiffrierte Botschaft oder ein Kryptogramm verwandelt. Später werden wir allerdings darauf stoßen, daß zwischen Chiffre oder Chiffrieralgorithmus und Schlüssel ein Unterschied besteht. Das Kryptogramm gelangt vom Absender zum Empfänger. Dieser muß es entschlüsseln oder dechiffrieren, denn er kennt den Schlüssel, das heißt die geheime Regel, nach der der Text chiffriert und dechiffriert wird. Das Konzept des Schlüssels ist, wie bereits angedeutet, viel komplizierter, als wir dies mit unserer vorläufigen Erklärung andeuten. Davon wird erst später die Rede sein.

Die Kryptographie ist jene Wissenschaft, die möglichst sichere Chiffren oder Verschlüsselungsverfahren entwirft; sie ist ein Teil der Informatik.

**Das Gegenmittel zur Kryptographie: Kryptanalyse**

Die Kryptanalyse ist die umgekehrte Wissenschaft, denn sie versucht, die Chiffren des Kryptographen zu knacken oder zu entziffern. Die Kryptographie ist also konstruktiv, die Kryptanalyse destruktiv. Dies hängt aber auch von der Seite des Betrachters und Benutzers ab.

Man kann die beiden Wissenschaften nicht getrennt voneinander studieren. Sie bilden zusammen vielmehr eine Einheit, die Kryptologie. In der Praxis werden die beiden Begriffe Kryptologie und Kryptographie oft synonym verwendet. Das ist zwar bedauerlich, aber gegen Sprachgewohnheiten kann man kaum ankämpfen, auch wenn sie Fehler beinhalten.

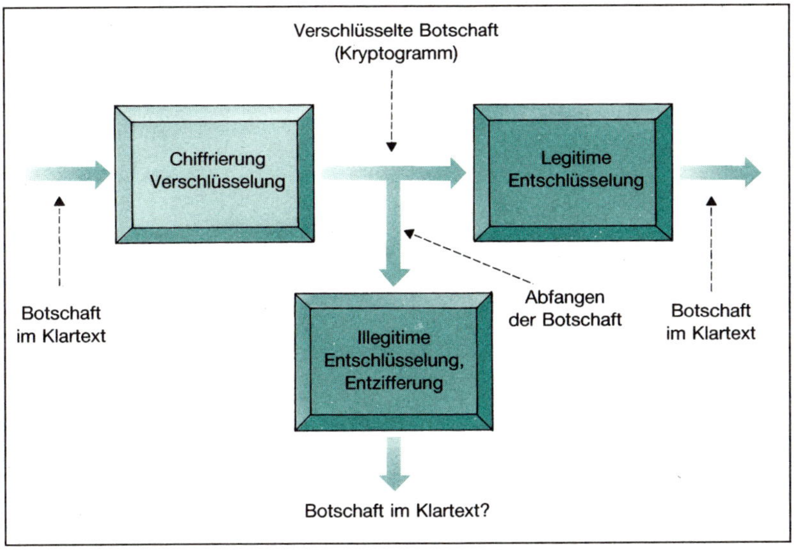


*Diese schematische Darstellung, ein sogenanntes Flußdiagramm, veranschaulicht die verschiedenen Phasen der Kryptographie.*

**Chiffrierscheiben**

Gehen wir noch einmal von Cäsars Schlüssel aus, wie wir ihn im vorigen Kapitel kennengelernt haben. Warum sollte man sich darauf beschränken, nur eine Verschiebung um drei Stellen in Betracht zu ziehen? Mit einer Chiffrierscheibe läßt sich dieser Nachteil leicht beheben. Als Hilfsmittel nehmen wir Scheiben, die den Mittelpunkt gemeinsam haben und die sich ungehindert verschieben lassen. Am Rande sind jeweils in der üblichen Anordnung die 26 Buchstaben des Alphabets aufgezeichnet.

Solche Chiffrierscheiben hat zum erstenmal Leon Battista Alberti (1404–1472) in seinem Buch »Modus scribendi in ziferas« beschrieben. Er war einer der führenden Köpfe der italienischen Renaissance. Zu seinen zahlreichen Leistungen zählen auch kryptographische, denn er war Sekre-

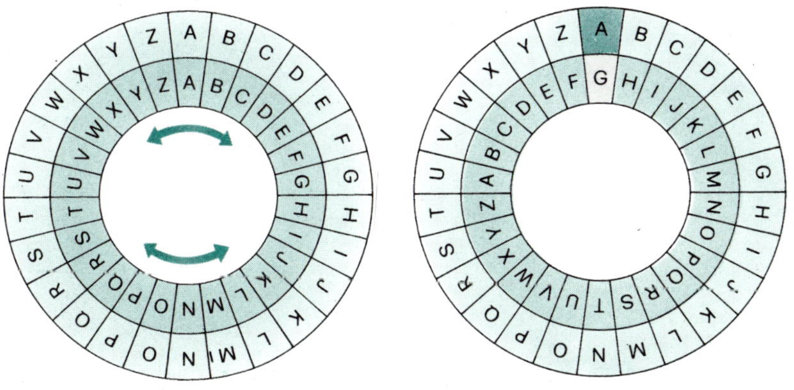

*Die Chiffrierscheiben von Alberti: Auf der Scheibe rechts wird der Buchstabe A des Klartextes durch den Buchstaben G verschlüsselt, das B durch das H usw.*

*Giovan Battista della Porta (1538–1615): Wissenschaftler, neapolitanischer Komödienschreiber, Erfinder der Camera obscura. Er veröffentlichte im Jahr 1563 eine grundlegende Schrift über die Kryptologie mit dem Titel »De furtivis literarum notis«.*

tär jener Behörde, die sich an der römischen Kurie mit Geheimschriften befaßte. Sein Beitrag zur Kryptographie ist so wichtig, daß man ihn schon »Vater der Kryptographie« genannt hat.
Kehren wir zu den Chiffrierscheiben zurück: Der Schlüssel besteht aus einem Buchstaben, zum Beispiel dem G: Zur Chiffrierung und Dechiffrierung dreht man die Scheibe so, daß das G der inneren Scheibe mit dem A der äußeren Scheibe übereinstimmt. Die Vorschriften zur Chiffrierung und Dechiffrierung sind dann ganz leicht:
*Verschlüsselung:* Wir ersetzen jeden Buchstaben des Klartextes, indem wir von der äußeren Scheibe auf die innere übergehen (mit dem Schlüssel G werden alle A des Klartextes im Kryptogramm zu G, die B werden zu H, die U zu A, die Z zu F . . .).
*Entschlüsselung:* Wir ersetzen jeden Buchstaben des Kryptogramms, indem wir von der inneren Scheibe auf die äußere übergehen (mit dem Schlüssel G werden die G zu A, die H zu B, die A zu U, die F zu Z . . .).
Mit dem Schlüssel G wird aus dem Klartext

PARIS VAUT BIEN UNE MESSE

(»Paris ist eine Messe wert«) das Kryptogramm

VGXOY BGAZ HOKT ATK SKYYK

Auf Seite 16 ist eine Chiffrierscheibe von Giovan Battista (Giambattista) della Porta abgebildet. Im Vergleich zu unserem früheren Beispiel tritt hier noch eine weitere Komplikation auf, weil die Buchstaben des Alphabets in verschlüsselter Form aus Sonderzeichen bestehen. Damit konnte man alle möglichen Schlüssel verwenden. Mit den Chiffrierscheiben auf Seite 19 hingegen ist der Schlüssel A, der die Botschaft unverändert läßt, wenig einladend. Diesmal gibt es nur zwanzig Buchstaben des Klartextes. Es fehlen J, K, W, X, Y und U, das in graphischer Hinsicht dem V gleichgesetzt wird. Lautet der Schlüssel ⊕, so ergibt sich aus dem Klartext

PARIS IST EINE MESSE WERT

folgendes Kryptogramm

Dieser Satz wird übrigens Heinrich IV. zugeschrieben. Er soll damit 1593 dem Protestantismus abgeschworen haben. Portas Traktat hingegen stammt aus dem Jahr 1563.
Die »Chiffriermaschine« auf Seite 19 läßt sich auch linear darstellen. Wir erhalten dann einen sogenannten St.-Cyr-Streifen. Der Name stammt von der Ortschaft Saint-Cyr nahe bei Paris, wo seit 1802 die Militärakademie ihren Sitz hat. Wer die Geduld beim Problem verloren hat, wie man zwei

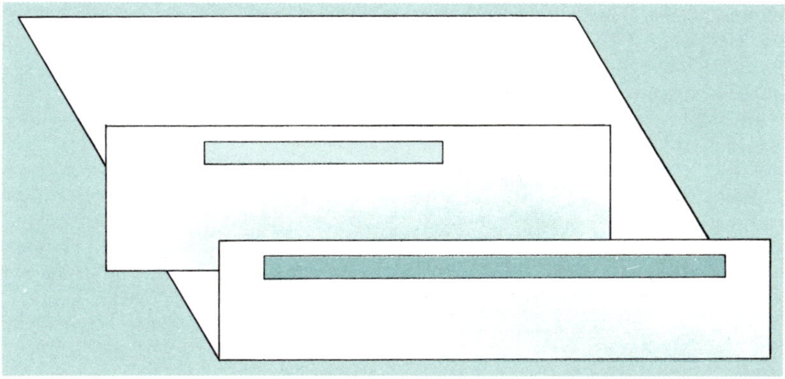

*Mit Papier – am besten kariertem –, Stift und Schere kann man sich leicht einen St.-Cyr-Streifen basteln.*

Kartonscheiben in 26 völlig gleich große Sektoren unterteilt, wird keine Schwierigkeiten haben, einen solchen St.-Cyr-Streifen zu konstruieren.
Das Problem der gleichen Abstände lösen wir hier mit einer normalen Schreibmaschine. Auf die helltürkisfarbene Zone des Blattes innen, das beweglich ist und als Cursor dient, schreiben wir die 26 Buchstaben des Alphabets in ihrer herkömmlichen Reihenfolge. Auf die dunkeltürkisfarbene Zone des gefalteten Blattes, das nicht beweglich ist (Stator), wiederholen wir das Alphabet zweimal – oder fast, denn das letzte Z ist überflüssig. Stellen wir uns vor, der Schlüssel sei wieder G: Wir verschieben nun den Cursor so, daß sich dessen A oberhalb des G des Stators befindet (siehe Zeichnung unten). Bei der Chiffrierung ersetzt man jeden Buchstaben des Klartextes, indem man vom Cursor zum Stator übergeht. Bei der Dechiffrierung arbeitet man in umgekehrter Richtung: Jeden Buchstaben der Geheimschrift ersetzt man durch den Buchstaben, der auf dem beweglichen Streifen angegeben ist. Zwei Dutzend Schlüssel sind wenig, um sich wirklich sicher zu fühlen. Wenn ein Spion den Verdacht hegt, daß eine Chiffrierscheibe verwendet wurde, zum Beispiel weil die »Chiffriermaschine« in seine Hände gefallen ist, so reichen 26 Versuche (eigentlich 25) aus, um das Kryptogramm aufzulösen.

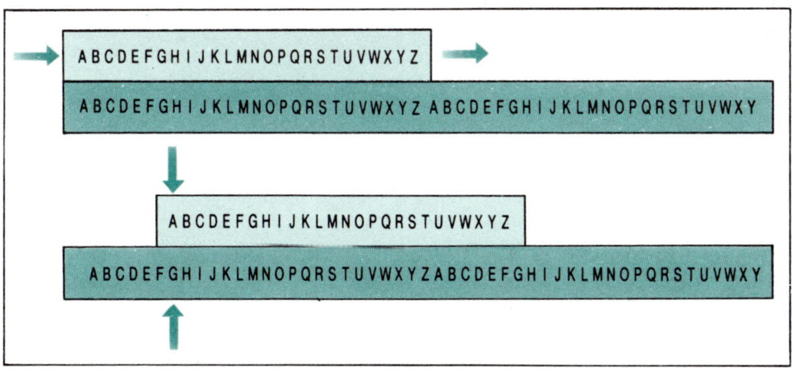


*So arbeitet man mit dem St.-Cyr-Streifen: Den Cursor verschiebt man so, daß dem Buchstaben A in Klarschrift der entsprechende chiffrierende Buchstabe auf dem Stator entspricht. Hier ist es das G.*

**Monoalphabetische Chiffren**

Die Chiffren in diesem Kapitel sind monoalphabetisch: Der Schlüssel zur Substitution wird einmal gewählt und dann während der ganzen Chiffrierung nicht mehr verändert. Es gibt aber viel allgemeinere monoalphabetische Chiffren als diejenigen, die sich mit den bisherigen Scheiben gewinnen lassen. Kehren wir für einen Augenblick zur Substitution von Julius Cäsar zurück. Das verschlüsselnde Alphabet weist dort eine ganz besondere Struktur auf: Die Buchstaben behalten ihre natürliche Ordnung bei. Die einzige Veränderung besteht darin, daß man mit dem D beginnt anstatt mit dem A. Vielleicht ist es Ihnen auch schon in den Sinn gekommen, daß man auch ganz »chaotische« Alphabete verwenden könnte, etwa:

| | | | | | | | | | | | | | | | | | | | | | | | | | |
|---|---|---|---|---|---|---|---|---|---|---|---|---|---|---|---|---|---|---|---|---|---|---|---|---|---|
| A | B | C | D | E | F | G | H | I | J | K | L | M | N | O | P | Q | R | S | T | U | V | W | X | Y | Z |
| R | H | U | J | O | Y | D | I | Q | T | Z | S | L | M | E | N | B | K | A | W | F | P | C | X | G | V |

Damit wird aus dem Wort

C H A O S

in Geheimschrift

U I R E A

Gern kann der Leser die umgekehrte Substitution versuchen. Die Dechiffrierung ist leichter.

| | | | |
|---|---|---|---|
| A | B | C | usw. |
| S | Q | W | usw. |

Es liegt auf der Hand, daß die Rotationschiffre, die 26 Möglichkeiten zuläßt, sehr viel größere Ansprüche stellt als das einfache System von Cäsar. Doch auch 26 Möglichkeiten sind sehr wenige – und in Wirklichkeit sind es nur 25, denn die Verschiebung um 0 Stellen ist wenig erfolgreich und entspricht dem Klartext. Jetzt aber stehen uns alle Permutationen des Alphabets zur Verfügung, d. h. alle Möglichkeiten der Anordnung von 26 Buchstaben. Mit der Scheibe von Alberti oder dem St.-Cyr-Streifen kommen wir da scheinbar nicht mehr weiter. Trifft diese Behauptung aber wirklich zu? Das wollen wir gleich überprüfen.

Wir wollen ausrechnen, wie viele Permutationen ein Alphabet mit 26 Buchstaben aufweist. Beginnen wir mit dem Aufbau eines chiffrierenden Alphabets. Wir müssen daran denken, daß alle Buchstaben darin auftreten, und zwar jeder nur ein einziges Mal.

Erster Schritt: Wir wählen den ersten Buchstaben. Das ist auf 26 verschiedene Weisen möglich, denn noch stehen uns alle Buchstaben des Alphabets zur Verfügung.

Zweiter Schritt: Wir wählen den zweiten Buchstaben. Es stehen nur noch 25 Buchstaben zur Verfügung. Für jede Möglichkeit des ersten Schrittes – insgesamt 26 – haben wir also im zweiten Schritt 25 Möglichkeiten. Das macht 26 × 25 = 650 verschiedene Möglichkeiten.

Dritter Schritt: Wir wählen den dritten Buchstaben. 24 Buchstaben stehen uns dazu zur Verfügung. Für jede der 650 Möglichkeiten für die beiden ersten Schritte ergeben sich 24 Möglichkeiten, macht 650 × 24 = 26 × 25 × 24 = 15.600 Möglichkeiten.

Vierter Schritt: ... 26 × 25 × 24 × 23 Möglichkeiten ...
Fünfter Schritt: ... Hier kann der Leser selber weitermachen ...
Zweitletzter (25.) Schritt: Wir wählen den 25. Buchstaben des Alphabets aus. Zwei sind dazu noch übriggeblieben. Wir haben also genau zwei Wahlmöglichkeiten. Für die Wahl der ersten 25 Buchstaben des Alphabets haben wir also 26 × 25 × 24 × 23 × 22 × 21 × 20 × 19 × 18 × 17 × 16 × 15 × 14 × 13 × 12 × 11 × 10 × 9 × 8 × 7 × 6 × 5 × 4 × 3 × 2 verschiedene Möglichkeiten. Für diese lange Rechenvorschrift hat der Mathematiker ein eigenes Symbol, nämlich 26! (sprich: 26 Fakultät).
Letzter Schritt: Wir haben keine Wahlmöglichkeiten mehr, weil nur noch ein Buchstabe übriggeblieben ist.
Das Schema unten hilft dem Leser vielleicht, diese Rechnung besser zu verstehen. Wir haben uns hier

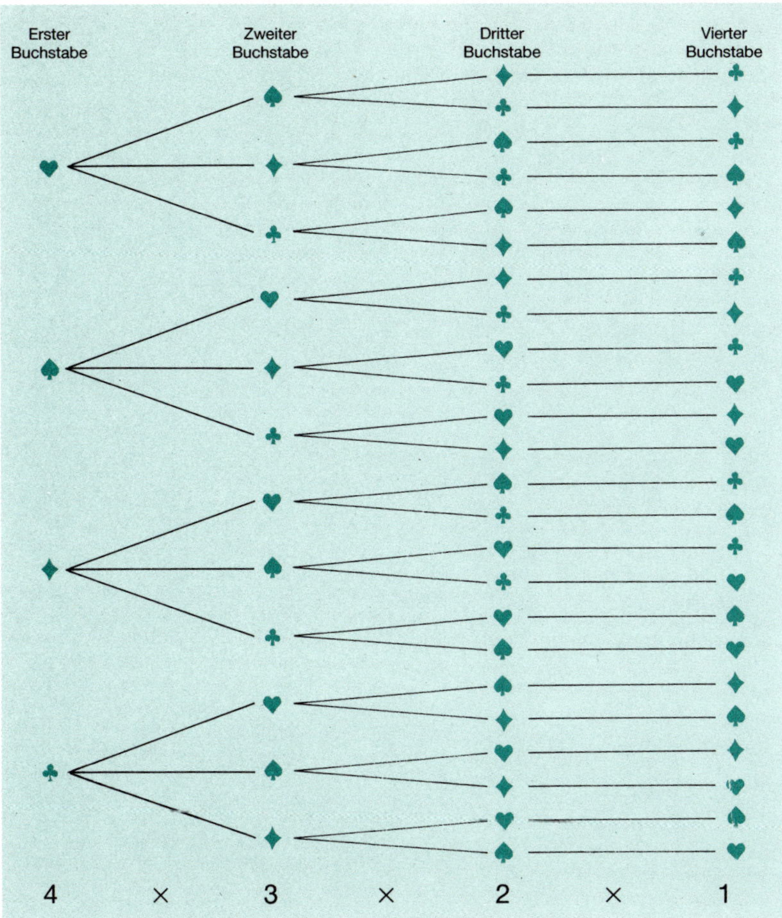


*Dieses Diagramm veranschaulicht, Schritt für Schritt, die 4! Permutationen von vier Elementen (4! = 24). Tatsächlich kann man mit den Farbsymbolen der Spielkarten 24 verschiedene »Wörter« bilden. Dabei sind keine Wiederholungen gestattet.*

auf ein imaginäres Alphabet aus vier Buchstaben beschränkt, und als solche nehmen wir die vier Farben der Spielkarten, nämlich Kreuz, Pik, Herz und Karo. Damit reduzieren sich die 26 Rechenschritte auf 4. In diesem Fall gibt es $4! = 4 \times 3 \times 2 = 24$ Chiffriermöglichkeiten.
Kehren wir zu den 26! Permutationen des normalen Alphabets zurück. Diesmal probieren wir gar nicht erst, die Zahl im Kopf auszurechnen: Es ergibt sich nämlich ein Ungetüm mit ungefähr 30 Stellen. Wollte ein Spion eine wirklich erschöpfende Recherche durchführen und alle Möglichkeiten durchprobieren, so hätte er nahezu keine Chance – das heißt eine derart geringe Erfolgsaussicht, daß man sich keinerlei Sorgen machen müßte. Selbst wenn es ihm mit Hilfe modernster Rechenanlagen gelänge, eine Million Schlüssel in der Sekunde zu überprüfen, so würde die ganze Arbeit doch Billionen von Jahren in Anspruch nehmen.

Dagegen kann man einwenden, daß man gar nicht alle Schlüssel durchprobieren muß. Der Schlüssel, der den Klartext unverändert läßt (auch er wurde gezählt, haben Sie es bemerkt?), wurde mit Sicherheit nicht verwendet. Natürlich gilt das auch für Schlüssel, die allzuviele Buchstaben unverändert an Ort und Stelle belassen, so daß der Geheimtext dem Klartext zu ähnlich sieht. Dies trifft alles zu. Von 26! kann man also etwas abziehen. Aber auch wenn wir einige tausend Schlüssel beiseite lassen, so ist das nicht mehr als ein Tropfen auf den heißen Stein. Haben wir damit also das Problem der Kryptographie gelöst? Keineswegs! Das beweist uns Edgar Allan Poe im nächsten Kapitel. In der Kryptanalyse gibt es noch sehr viel schlauere Verfahren als das einfache Durchprobieren aller Möglichkeiten. Leider garantiert nicht einmal eine astronomisch große Zahl von Schlüsseln, daß eine Chiffre wirklich nicht zu knakken ist.

## *Übungen*

1. Das folgende Kryptogramm

erhielten wir mit der Scheibe von Giovanni Battista della Porta. Gelingt Ihnen die Entzifferung? Am leichtesten geht es, wenn Sie sich einen St.-Cyr-Streifen mit einem besonderen Stator basteln.

2. Ein ungeschickter Kryptanalytiker behauptet, er habe das Kryptogramm
AXBCBRSSSSRE
mit Hilfe einer monoalphabetischen Chiffre erhalten, wie wir sie in diesem Kapitel beschrieben haben. Glauben Sie ihm?

3. Eine sehr einfache Substitution verwendet die einfache Umkehrung:
A B C D E F G H I J K L M N O P Q R S T U V W X Y Z
Z Y X W V U T S R Q P O N M L K J I H G F E D C B A
Wie die Atbasch ist auch sie reziproker Natur, d. h. Chiffrierung und Dechiffrierung erfolgen auf dieselbe Weise. Wie sind diese reziproken Substitutionen aufgebaut?

4. Wie kann man die reziproke Substitution des Beispiels oben auf einfachere Weise niederschreiben? Denken Sie dabei an die Atbasch!

5. Anstelle des internationalen Alphabets mit 26 Buchstaben verwenden wir das lateinische Alphabet mit 21 Buchstaben. Kann man auf ökonomische Weise eine reziproke Substitution niederschreiben?

6. Bemerken Sie etwas Merkwürdiges in der folgenden Substitution?
A B C D E F G H I J K L M N O P Q R S T U V W X Y Z
N E W Y O R K A B C D F G H I J L M P Q S T U V X Z

7. Verlassen wir die Vereinigten Staaten und gehen wir nach Holland. Kann man mit dem Schlüsselwort ROTTERDAM eine Substitution konstruieren, die ähnlich ist wie in der vorigen Übung?

8. Die holländische Substitution weist ein Merkmal auf, das die Gefahr einer leichteren Entschlüsselung mit sich bringen könnte. Welches ist es? Was würden Sie als Gegenmaßnahme vorschlagen?

9. Das folgende Kryptogramm wurde mit Hilfe einer Chiffre wie bei den vorigen Übungen verschlüsselt. Als Schlüsselwort diente NEAPEL SEHEN UND STERBEN. Die restlichen Buchstaben wurden umgekehrt aufgeschrieben!
NYRXZZL SQLDMNH PQLCLUYMLY

10. Können Sie eine reziproke Substitution mit dem Schlüsselwort MACBETH niederschreiben?

*(Lösungen auf Seite 125)*

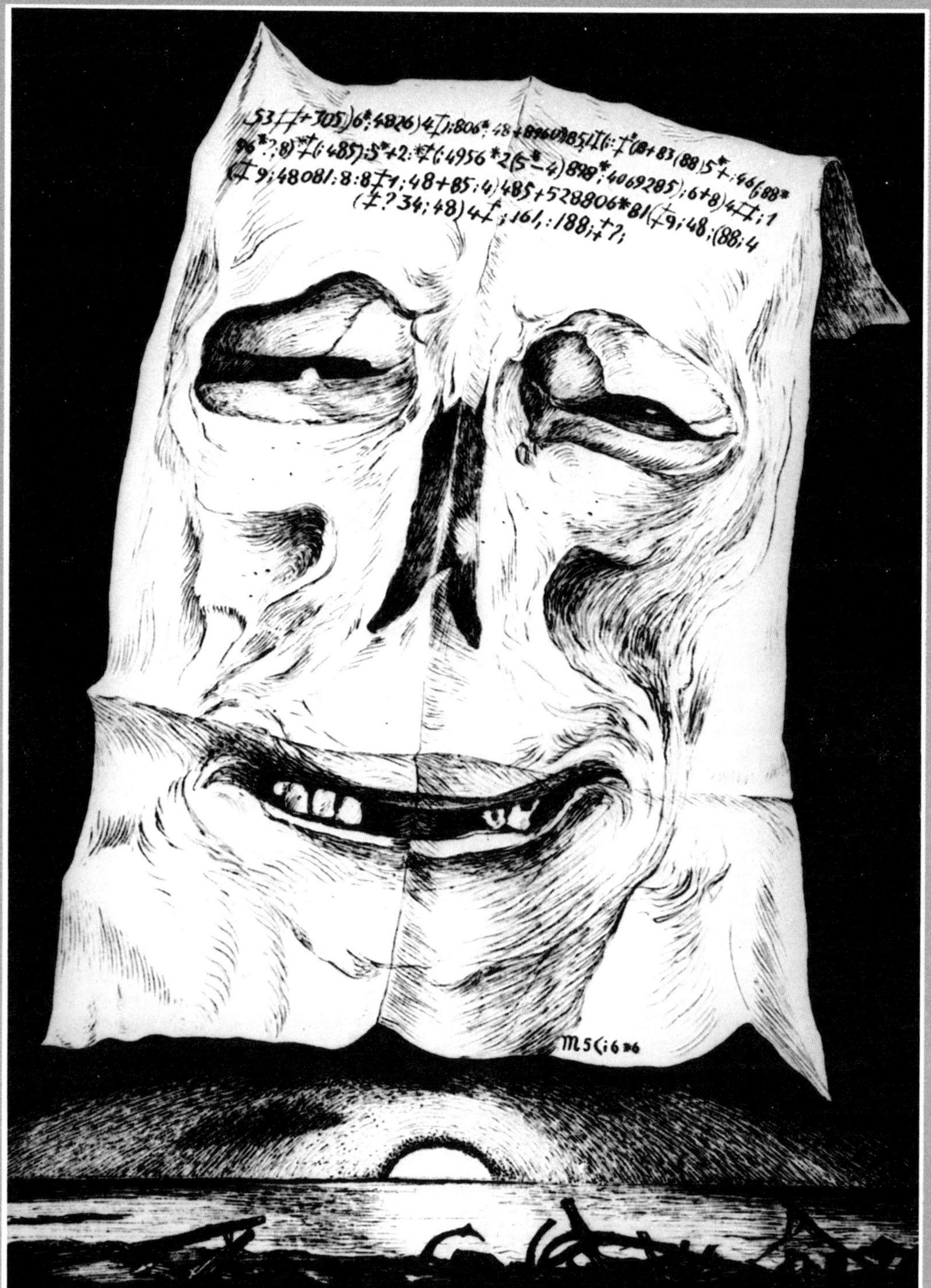

# 3 Der Goldkäfer und die Kryptanalyse der monoalphabetischen Chiffren

Trotz der enormen Zahl der Schlüssel sind die Chiffren mit monoalphabetischer Substitution (d.h. mit nur einer Substitution für die gesamte Botschaft) schwach und leicht zu knacken. Das werden wir gleich auszugsweise in einer berühmten Erzählung von Edgar Allan Poe erfahren. Er war nicht nur ein genialer Schriftsteller, sondern auch ein leidenschaftlicher Entzifferer geheimer Botschaften. Angesichts dieses Interesses wundert es uns nicht, daß die Erzählung »The Gold Bug« (»Der Goldkäfer«) ein authentisches Juwel darstellt. Wir können hier nur einen Auszug bringen. Wir werden sehen, daß es vom Kryptanalytiker Edgar Allan Poe viel zu lernen gibt!

**Das Kryptogramm des Piraten Kidd**

Der Held der Erzählung heißt William Legrand und ist ein etwas eigentümlicher Mensch, der auf einer Insel vor der Küste Südcarolinas lebt. Gesellschaft leisten ihm nur der treue Diener Jupiter und ein Neufundländer. Ein Freund von Legrand hat alles miterlebt. Er erzählt die Geschichte in der ersten Person. Der Goldkäfer, von dem im Titel die Rede ist, stellt nur ein Mittel dar, mit dessen Hilfe Poe die Spannung erhöht. Der Schriftsteller erreicht sein Ziel, ebenso wie Legrand seines: Er findet einen auf der Insel vergrabenen Schatz, auf dessen Spuren er durch eine zufällig gefundene Karte geriet. Eigentlich hatte Legrand nur ein offensichtlich unbeschriebenes Pergamentstück gefunden, auf das er den berühmten Skarabäus zeichnen wollte, doch erschien darauf nach wenigen Augenblicken ein – Totenschädel! Lassen wir nun Edgar Allan Poe sprechen oder vielmehr William Legrand, der seinem Freund erklärt, was geschehen war.

*»Als ich mit meiner Zeichnung fertig war, überreichte ich Ihnen dieselbe und beobachtete Sie genau, bis Sie mir dieselbe zurückgaben.*
*Als ich mit meinen Gedanken so weit gekommen, suchte ich mich, und zwar mit Erfolg, jeder Kleinigkeit genau zu erinnern, die um die betreffende Zeit vorgefallen war. Das Wetter war sehr kalt gewesen (ein ebenso seltenes wie für mich glückliches Ereignis im Oktober), auf dem Herde brannte ein Feuer. Ich war durch die Bewegung warm geworden und hatte mich an den*

*Ein Stich von Alberto Martini aus dem Jahr 1936 für die italienische Ausgabe der Erzählung »Der Goldkäfer« von Edgar Allan Poe.*

*Tisch gesetzt; Sie hatten sich den Armstuhl ganz nah ans Feuer gerückt. In dem Augenblick, als ich Ihnen meine Zeichnung überreichte, kam Wolf, der Neufundländer, hereingestürmt und sprang an Ihnen empor. Mit Ihrer linken Hand liebkosten Sie ihn und suchten ihn abzuwehren, während Ihre Rechte, die das Pergament hielt, achtlos zwischen den Knieen hinabsank und in unmittelbare Nähe des Feuers geriet. Einen Augenblick lang fürchtete ich schon, die Zeichnung werde in Brand geraten, und wollte Sie warnen; im nächsten Moment jedoch hatten Sie sich des Hundes erwehrt und begannen das Bild zu betrachten. Als ich mich an all dies erinnerte, wurde mir plötzlich klar, daß die Hitze die Ursache war, welche den Schädel auf dem Pergamentstück zum Vorschein gebracht hatte. Nun unterwarf ich den Totenkopf einer sorgfältigen Betrachtung. Seine äußeren Ränder –, das heißt diejenigen, welche dem Rande des Pergaments zunächst lagen, waren deutlicher als die anderen. Offenbar war die Wirkung der Wärme unvollkommen und ungleich gewesen. Ich zündete sofort ein Feuer an und setzte jeden Teil des Pergamentstükkes einer Glühhitze aus. Dies hatte anfänglich keine andere Wirkung, als die schwachen Linien des Schädels zu verstärken, doch als ich längere Zeit bei dem Experiment verharrte, erschien in einer Ecke des Fetzens, dem Totenkopfe schräg gegenüber, eine Figur, die ich anfänglich für eine Geiß hielt. Bei näherer Prüfung erkannte ich jedoch, daß es ein junger Bock sein sollte.«*

*»Hahaha!« lachte ich auf, »ich habe gewiß kein Recht, Sie auszulachen – ein und eine halbe Million Gold ist gewiß eine zu bedeutende Sache, als daß man seinen Spott damit treiben sollte – doch wie wollen Sie nun ein drittes Glied in Ihrer Kette nachweisen –, wie wollen Sie den Zusammenhang zwischen den Piraten und der Geiß herstellen? Seeräuber haben doch eigentlich mit diesen Tieren nichts zu tun; für die interessiert sich doch höchstens ein Landmann.«*

*»Aber ich habe Ihnen doch schon gesagt, daß das Bild keine Geiß vorstellte.«*

*»Also meinetwegen einen jungen Bock –, das ist doch fast dasselbe.«*

*»Fast dasselbe, aber doch nicht ganz«, antwortete Legrand. »Sie haben sicher schon von einem Kapitän Kidd* gehört; jedenfalls sah ich das Abbild dieses Tieres als eine Art Wortspiel oder vielmehr ein hieroglyphisches Zeichen für diesen Namen an, denn seine Stellung auf dem Papier legte einen solchen Gedanken sehr nahe. Der Totenkopf in der schräg gegenüberliegenden Ecke sah aus wie ein Gepräge oder Siegel. Doch erklärte dies alles gar nichts, und mit den paar Anhaltspunkten konnte ich eigentlich nichts weiter anfangen.«*

*»Ich glaube, Sie erwarteten, zwischen dem Siegel und dem hieroglyphischen Zeichen einen Brief zu finden?«*

*»Ja, oder wenigstens etwas Ähnliches. Jedenfalls verfolgte mich die Ahnung, es stände mir irgendein großes Glück bevor. Weshalb, vermag ich nicht recht zu sagen. Vielleicht war es zum Schluß auch mehr nur ein Wunsch als eine wirkliche Vorahnung, aber Sie werden sich jedenfalls erinnern, daß Jupiters*

** Kid bedeuted Böcklein.*

*törichte Worte, der Käfer bestehe ganz aus Gold, einen merkwürdigen Eindruck auf meine Phantasie gemacht hatten. Und dann jene merkwürdige Folge von Zufällen und Zusammentreffen – bedenken Sie doch nur, welch sonderbarer Zufall es war, daß ich das Pergament an jenem einzigen kalten Tage fand, an dem ein Feuer im Kamin brannte, und daß ich es Ihnen in dem Augenblick überreichte, in dem der Hund hineingestürzt kam und Sie, um ihn abzuwehren, Ihre rechte Hand mit der Zeichnung den Flammen nahe brachten! Daß ich ohne diesen Umstand den Totenkopf niemals erblickt und den Schatz niemals gefunden haben würde!«*

*»Erzählen Sie nur weiter –, ich bin ganz Spannung!«*

*»Also, Sie haben ohne Zweifel die vielen Geschichten und unbestimmten Gerüchte gehört, nach denen Kidd und dessen Spießgesellen irgendwo an der Küste des Atlantischen Ozeans eine Unmasse Gold vergraben haben sollen. In dergleichen Gerüchten ist gewöhnlich ein Körnchen Wahrheit verborgen, und daß sich diese Geschichte vom Kapitän Kidd so lange erhalten, hatte meines Erachtens seinen Grund nur in dem Umstande, daß der vergrabene Schatz noch irgendwo unaufgefunden lag. Hätte Kapitän Kidd seine Schätze eine Zeitlang verborgen und später wieder in Besitz genommen, so würden die Gerüchte diese letzte Tatsache gewiß nicht verschwiegen haben. Sie wären in der Folge, als nicht mehr interessant, aus dem Gedächtnis des Volkes geschwunden. Sie haben wahrscheinlich schon bemerkt, daß man überall von Goldsuchern, fast nie jedoch von Goldfindern erzählt. Mir kam nun der Gedanke, daß irgendein Zufall – nehmen wir an: der Verlust des Schriftstückes, das die Lage des vergrabenen Schatzes ankündigte – dem Kapitän die Möglichkeit genommen habe, sich wieder in Besitz seines Eigentums zu setzen. Dieser Zufall wurde seinen Genossen bekannt und gab Anlaß zu all den Gerüchten, die jetzt so allgemein geworden sind. Haben Sie jemals gehört, daß man früher einmal an der Küste einen Schatz gehoben habe?«*

*»Niemals!«*

*»Doch ist es bekannt, daß Kidd ungeheure Schätze aufgespeichert hat. Ich hielt es deshalb für gewiß, daß sie noch immer in der Erde verborgen lägen; und Sie werden kaum noch überrascht sein, wenn ich Ihnen sage, daß ich die Hoffnung, ja, fast die Gewißheit in mir aufsteigen fühlte, das unter so sonderbaren Umständen gefundene Pergament enthalte die verlorene Nachricht über den Ort, an dem der Schatz vergraben lag.*

*Ich hielt das Pergament nochmals über ein noch stärkeres Feuer, doch kam nichts weiter zum Vorschein. Da fiel mir ein, daß die dicke Lage von Schmutz vielleicht Schuld daran sei, und ich reinigte das Pergamentstück sorgfältig mittels warmen Wassers. Dann legte ich es, den Schädel nach unten, in eine zinnerne Pfanne über ein Steinkohlenfeuer. Schon nach wenigen Minuten war die Pfanne heiß, ich ergriff das Pergament und fand es zu meiner unaussprechlichen Freude mit Zahlen bedeckt, die in Linien geordnet zu sein schienen. Darauf legte ich es noch eine Minute lang in die Pfanne zurück und nahm es in dem Zustande heraus, in dem Sie es jetzt hier erblicken.«*

*Hier zeigte mir Legrand das Pergamentstück, das er wieder erwärmt*

*Der amerikanische Schriftsteller Edgar Allan Poe (1809–1849) auf einer Daguerreotypie ein Jahr vor seinem Tod.*

*hatte. Zwischen dem Totenkopf und dem Bock erblickte ich folgende, anscheinend von ungeübter Hand geschriebene Zeichen:*

53‡‡+305))6*;4826)4‡.)4‡);<br>
806*;48+87/60))85;1‡(;:‡*8+83(<br>
88 ) 5 *+; 46 ( ; 88 * 96 * ? ; 8 )<br>
*‡(;485);5*+2:*‡(;4956*2(5* – 4 )<br>
87/8*;4069285);)6+8)4‡‡;1(‡9;<br>
48081;8:8‡1;48+85;4)485+528806<br>
*81(‡9;48;(88;4(‡?34;48)4‡;161;<br>
:188;‡?;

*»Ich bin allerdings noch gerade so im Unklaren wie früher«, antwortete ich und gab Legrand das Blatt zurück. »Und verspräche mir jemand für die Lösung des Rätsels alle Edelsteine von Golconda, ich könnte sie nicht verdienen.«*

*»Und doch ist sie keineswegs so schwierig«, meinte Legrand, »wie diese Zeichen auf den ersten Blick vermuten lassen. Sie bilden, wie leicht zu erraten ist, eine Chiffre, das heißt, sie drücken einen Sinn aus. Alles, was ich jedoch von Kapitän Kidd gehört hatte, ließ darauf schließen, daß er kein allzu gewandter Kryptograph gewesen. Ich nahm also an, daß diese Chiffre ziemlich einfach sein müsse und nur dem ungebildeten Seemanne, solange ihm der Schlüssel fehlte, unverständlich bleiben konnte.«*

*»Und Sie haben den Sinn vollständig erraten?«*

*»Ohne allzu große Mühe! Habe ich doch Geheimschriften gelesen, die tausendmal schwieriger waren. Es reizte mich immer sehr, solche Rätsel zu lösen, und außerdem ist es sehr zu bezweifeln, ob der menschliche Scharfsinn ein Rätsel ersinnen könnte, das menschlicher Scharfsinn bei gehörigem Fleiße nicht wieder zu lösen vermöchte! Und in der Tat dachte ich, nachdem ich dem Pergament die Zeichen einmal entlockt, kaum mehr daran, es könnte irgendwie schwierig sein, ihren Sinn zu enträtseln.*

*In meinem Falle, ja, wohl in allen Fällen, in denen es sich um Geheimschrift handelt, ist die erste Frage die, in welcher Sprache die Chiffre geschrieben ist, denn die Prinzipien der Lösung hängen, besonders, wenn es sich um einfachere Chiffren handelt, fast allein von dem Geiste der betreffenden Sprache ab. Im allgemeinen bleibt jemandem, der eine solche Geheimschrift lesen will, nichts übrig, als mit allen ihm bekannten Sprachen die Experimente anzustellen, die ihm am ehesten Erfolg zu versprechen scheinen, bis er endlich das Richtige gefunden. Doch die Unterschrift unserer Chiffre enthob mich jeder Schwierigkeit. Das Wortspiel »Kidd« wies mich klar und deutlich auf die englische Sprache. Wäre dies nicht der Fall gewesen, so hätte ich mit der spanischen oder französischen Sprache begonnen, da sich die Piraten aus den spanischen Gewässern derselben wohl am ehesten bedient haben würden. So jedoch mußte ich annehmen, die Chiffre beziehe sich auf die englische Sprache.*

*Sie sehen, daß die Worte nicht voneinander getrennt sind; in diesem Falle wäre meine Arbeit bedeutend leichter gewesen. Ich hätte dann damit begonnen, die kürzeren Worte zu analysieren und miteinander zu vergleichen, und hätte ich ein aus einem einzigen Buchstaben bestehendes Wort gefunden – ein »a« oder »I«* zum Beispiel – so hätte*

* *»a« heißt »ein«, »I« bedeutet »ich«.*

*ich die Lösung als gelungen ansehen können. Doch da die Worte eben nicht abgeteilt waren, beschränkte ich mich darauf, die am häufigsten, sowie die am seltensten vorkommenden Buchstaben ausfindig zu machen. Als ich alle gezählt, fertigte ich folgende Tabelle:*

| | | | | | | |
|---|---|---|---|---|---|---|
| Die | Chiffre | 8 | kommt | 33 | mal | vor |
| „ | „ | ; | „ | 26 | „ | „ |
| „ | „ | 4 | „ | 19 | „ | „ |
| „ | „ | ‡) | „ | 16 | „ | „ |
| „ | „ | * | „ | 13 | „ | „ |
| „ | „ | 5 | „ | 12 | „ | „ |
| „ | „ | 6 | „ | 11 | „ | „ |
| „ | „ | +1 | „ | 8 | „ | „ |
| „ | „ | 0 | „ | 6 | „ | „ |
| „ | „ | 92 | „ | 5 | „ | „ |
| „ | „ | :3 | „ | 4 | „ | „ |
| „ | „ | ? | „ | 3 | „ | „ |
| „ | „ | 7/ | „ | 2 | „ | „ |
| „ | „ | –. | „ | 1 | „ | „ |

*Nun kommt in der englischen Sprache der Vokal e am öftesten vor. Dann folgen a, o, i, d, h, n, r, s, t, u, y, c, f, g, l, m, w, b, k, p, q, x, z. Der Buchstabe e jedoch herrscht so auffallend vor, daß man kaum einen längeren Satz trifft, in dem er nicht bedeutend öfter als alle übrigen Buchstaben enthalten ist.*

*Wir haben also hier gleich am Anfang die Grundlage zu einer sicheren Vermutung. Wie nützlich im allgemeinen eine Tabelle wie die unsrige ist, liegt auf der Hand, bei unserer Geheimschrift jedoch werden wir sie nur teilweise nötig haben. Unsere vorherrschende Chiffre ist 8, und wir wollen damit beginnen, sie als das e des natürlichen Alphabetes anzusehen. Um uns von der Richtigkeit unserer Vermutung zu überzeugen, forschen wir noch nach, ob die Zahl 8 oft paarweise vorkommt – ein doppeltes e findet man im Englischen sehr häufig, man denke nur an meet, fleet, speed, seen, been, agree usw. Wir finden denn auch die Zahl nicht weniger als fünfmal doppelt vor.*

*Nehmen wir also an, 8 bedeute e. Nun aber kommt von allen englischen Wörtern der Artikel »the« am häufigsten vor; wir müssen also nachforschen, ob wir nicht Wiederholungen von drei Zahlen in derselben Reihenfolge finden, deren letzte eine 8 ist. Gelingt uns dies, so können wir mit ziemlicher Sicherheit annehmen, daß sie das Wort »the« bedeuten. Bei genauer Untersuchung finden wir nicht weniger als sieben solcher Zeichenstellungen, und zwar die Chiffren ; 4 8. Wir können also annehmen, daß ; t bedeutet, 4 das Zeichen für h und 8 das Zeichen für e ist, und hätten damit schon einen großen Schritt nach vorwärts getan.*

*Nachdem wir dies eine Wort gefunden haben, können wir einen anderen unendlich wichtigen Punkt feststellen, nämlich verschiedene Wortanfänge und Endungen. Sehen wir uns die Stelle an, wo die Kombination*

;48

*zum vorletztenmal vorkommt – nicht weit vom Ende der ganzen Schrift. Wir wissen, daß das ;, welches unmittelbar darauf folgt, den Anfang eines neuen Wortes bildet und von den sechs Zeichen, die auf dieses »the« folgen, sind uns nicht weniger als fünf bekannt. Diese Zeichen wollen wir in die Buchstaben des gewöhnlichen Alphabetes übersetzen und für die uns noch*

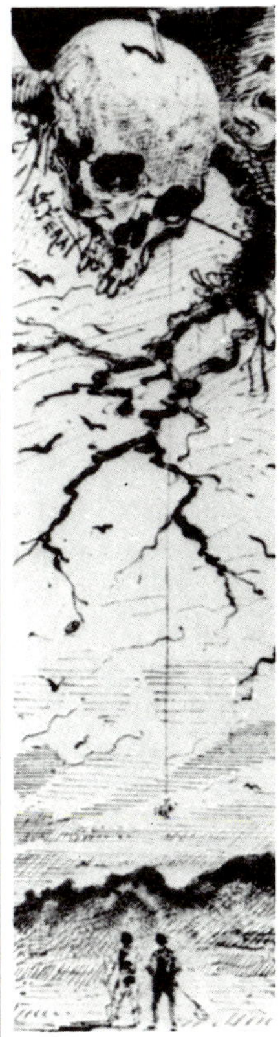

*Eine Illustration zur französischen Ausgabe der Geschichte »Der Goldkäfer« von E. A. Poe. Der Übersetzer war Charles Baudelaire.*

*unbekannten einen leeren Raum lassen –*

teeth

*Das »th« können wir bald fallen lassen, weil es kein Teil des mit t anfangenden Wortes sein kann; denn wenn wir das ganze Alphabet nach einem passenden Buchstaben durchsuchen, so würde sich doch keiner finden, der mit den vorhandenen ein Wort bildete. So sind wir also auf*

tee

*beschränkt, und wenn wir noch einmal wie zuvor das Alphabet durchsuchen, finden wir einzig und allein den Buchstaben r, der in Verbindung mit t ee einen Sinn, das Wort tree nämlich ergibt. So haben wir einen neuen Buchstaben erkannt, der durch das Zeichen ( dargestellt ist, und zwei nebeneinander stehende Worte »the tree«. Sehen wir etwas weiter, so finden wir bald wieder die Kombination ;48 und wollen sie diesmal als Endung für das, was unmittelbar voransteht, gebrauchen:*

the tree ; (‡? 3 4 the

*oder in die uns bekannten Buchstaben übersetzt:*

the tree thr ‡ ? 3 h the

*Lassen wir nun für die unbekannten Zeichen freien Raum oder setzen wir Pünktchen, so erhalten wir:*

the tree thr . . . h the

*und denken sofort unwillkürlich an das Wort through. Diese Entdekkung jedoch verschafft uns drei neue Buchstaben, o, u und g, die sich unter den Zeichen ‡ ? und 3 verbargen. Durchsuchen wir nun die Chiffre von neuem, um Verbindungen bekannter Zeichen herauszufinden, so entdecken wir ziemlich am Anfang die Anordnung:*

8 3 ( 8 8 oder egree

*was offenbar den Schluß des Wortes degree bildet. Auf diese Weise haben wir wieder einen neuen Buchstaben gefunden, nämlich d unter dem Zeichen +. Vier Zeichen hinter dem Wort degree sehen wir die Kombination*

; 4 6 ( ; 8 8 *

*Übersetzen wir die bekannten Zeichen in Buchstaben und stellen die unbekannten durch Pünktchen dar, so lesen wir*

th.rtee.

*und werden unbedingt an das Wort »thirteen« erinnert und mit zwei neuen Buchstaben – i und n unter den Zeichen 6 und *– bekannt gemacht. Betrachten wir nun den Anfang des Kryptogramms, so finden wir die Verbindung:*

5 3 ‡‡ +

*Übersetzen wir dies nach unserem vorherigen Schema, so erhalten wir*

good

*und kommen leicht zu der Überzeugung, daß das erste Zeichen A bedeutet, der Anfang der Chiffre also lautet:*

A good

*Doch müssen wir nun unseren Schlüssel, soweit wir ihn gefunden, in eine Tabelle ordnen, um Klarheit zu erhalten. Wir wissen, daß*

5 = a
\+ = d
8 = e
3 = g
4 = h
6 = i
* = n
‡ = o
( = r
; = t ist.

*Ich will Ihnen nun eine vollständige Übersetzung der Zeichen geben, die das Pergament enthielt:*
*»A good glass in the bishop's hostel in the devils's seat forty-one degrees and thirteen minutes northeast and by north main branch seventh limb east side shoot from the left eye of the death's head a bee line from the tree through the shot fifty feet out.«*
*Ein gutes Glas im Bischofshotel in des Teufels Sitz einundvierzig Grad und dreizehn Minuten nordöstlich und nördlich Hauptast siebenter Ast Ostseite schieß von dem linken Auge des Totenkopfes eine kerzengerade Linie von dem Baum durch den Schuß fünfzig Fuß hinaus.«*
*»Aber«, warf ich ein, »das Rätsel erscheint mir noch immer so unlösbar wie vorher. Wie konnten Sie nur aus dem Kauderwelsch von »Teufelssitz«, »Totenkopf« und »Bischofshotel« einen Sinn entnehmen?«*
*»Ich gestehe gern«, erwiderte Legrand, »daß die Sache noch immer schwierig aussieht, wenn man sie nur oberflächlich betrachtet. Ich bemühte mich also weiter, den Satz so einzuteilen, wie er im Sinne des Kryptographen eingeteilt gewesen.«*
*»Sie haben ihn mit Interpunktion versehen?«*
*»Ja, wenigstens tat ich ähnliches.«*
*»Aber wie war dies zu bewerkstelligen?«*
*»Ich war zu der Ansicht gekommen, daß der Schreiber die Worte absichtlich ineinander geschoben hatte, um ihr Verständnis zu erschweren. Nun wird jeder nicht allzu scharfsichtige Mann – und für einen solchen halte ich den Verfasser dieser Chiffre – bei solcher Gelegenheit leicht übertreiben, das heißt in unserem Falle, dort, wo ein Abschnitt im Satze stehen müßte, die Zeichen auffallend dicht zusammendrängen. Tatsächlich ist dies bei unserer Chiffre an fünf Stellen geschehen, an denen ich dann den Satz wie folgt abteilte:*
*A good glass in the bishop's hostel in the devel's seat – forty-one degrees and thirteen minutes – northeast and by north – main branch seventh limb east side – shoot from the left eye of the death's-head – a bee line from the tree through the shot fifty feet out.*
*»Ein gutes Glas im Bischofshotel in des Teufels Sitz – einundvierzig Grad und dreizehn Minuten – nordöstlich und nördlich – Hauptast, siebenter Ast Ostseite – schieße von dem linken Auge des Totenkopfes – eine kerzengerade Linie von dem Baume durch den Schuß fünfzig Fuß hinaus.«*
*»Aber selbst dies Abteilen«, warf ich ein, »hat mich um nichts klüger gemacht.«*
*»Auch ich tappte einige Tage noch ganz im dunkeln«, erwiderte Legrand. »Zunächst erkundigte ich mich eifrig in der Umgegend der*

*Sullivans-Insel, ob vielleicht irgend ein Haus den Namen Bischofshotel führte. Als ich jedoch nicht das geringste erfahren konnte, wollte ich den Kreis meiner Nachforschungen schon erweitern und systematischer vorgehen, da fiel mir plötzlich ein, dies »Bischofshotel« könne seinen Namen vielleicht von einer alten Familie Bessop herleiten, die vor langen, langen Jahren etwa vier Meilen nördlich von der Insel einmal ein großes Farmhaus besessen. Ich ging also auf diese Plantage hinüber und setzte meine Erkundigungen unter den älteren Negern fort. Endlich hörte ich von einem uralten Weibe, daß sie das Bischofs- oder Bessopskastell wohl kenne und mich dahinführen könne, doch sei es weder ein Schloß noch ein Wirtshaus, sondern ein hoher Felsen.*

*Ich versprach ihr eine gute Bezahlung für ihre Mühe, worauf sie sich nach einigem Besinnen bereit erklärte, mich an den betreffenden Ort zu bringen. Das »Kastell« bestand aus unregelmäßig aufeinandergetürmten Klippen und Felsen, von denen einer sowohl durch seine Höhe, wie durch seine isolierte, fast künstliche Stellung auffiel. Ich kletterte auf seine höchste Spitze und wußte dann nicht recht, was ich nun weiter beginnen sollte. Als ich noch darüber nachsann, fielen meine Blicke auf einen schmalen Vorsprung an der Ostseite des Felsens, vielleicht eine Elle unter dem Gipfel, auf dem ich stand. Dieser Vorsprung stand etwa achtzehn Zoll von dem Felsen ab und war nicht mehr als ein Fuß breit; eine Nische im Felsen gerade über dem Vorsprung gab demselben eine ungefährliche Ähnlichkeit mit einem jener Stühle mit gewölbtem Rücken, derer sich unsere Vorväter bedienten. Ich zweifelte nun nicht mehr, daß dies der Teufelssitz sei, von dem das Pergament sprach, und glaubte nun, die ganze Lösung des Rätsels in der Hand zu haben. Das »gute Glas« konnte sich meines Erachtens auf nichts anderes als auf ein Teleskop beziehen, da das Wort »Glas« bei Seeleuten selten in anderem Sinne gebraucht wird. Ich mußte mir also ein Teleskop verschaffen, sowie einen Standpunkt aufsuchen, der nicht der geringsten Veränderung unterlag, während ich meine Beobachtungen anstellte. Auch nahm ich sofort als sicher an, daß die Worte: »einundvierzig Grad und dreizehn Minuten« und »nordöstlich und nördlich« die Richtung beim Einstellen des Glases angeben sollten. Ziemlich erregt über diese Entdeckungen, eilte ich nach Hause, verschaffte mir ein Teleskop, und kletterte in kürzester Zeit zu dem Felsen zurück.*

*Vorsichtig glitt ich auf den Vorsprung hinab und fand, daß man nur in einer einzigen Stellung einen sicheren Sitz auf ihm einnehmen konnte. Diese Tatsache bestärkte mich nur noch in meiner vorgefaßten Meinung, und ich schickte mich an, das Glas zu gebrauchen. Die Worte »einundvierzig Grad und dreizehn Minuten« konnten natürlich keinen anderen Sinn haben, als die Höhe über dem sichtbaren Horizonte anzugeben, da die horizontale Richtung durch die Worte »nordöstlich« und »nördlich« deutlich genug bezeichnet worden war. Diese Richtung stellte ich mittels meines Taschenkompasses fest und bewegte dann das Teleskop, nachdem ich es, so genau ich nur konnte, auf einen Winkel von einundvierzig Grad Höhe eingestellt hatte, behutsam auf und ab, bis meine Aufmerksamkeit durch die kreisrunde Öffnung im Laubwerk eines Baumes erregt wurde, der über alle seine Nachbarn weit hervorragte. Im Mittelpunkt dieser Öffnung gewahrte ich einen weißen Punkt, konnte aber anfänglich nicht erkennen, was es war. Ich verschärfte das Teleskop, schaute abermals angestrengt hin und erkannte einen Totenschädel.*

*Nach dieser Entdeckung hielt ich höchst erfreut das Rätsel schon für gänzlich gelöst, denn der Satz: Hauptast, siebenter Ast, Ostseite konnte sich nur auf die Lage des Schädels auf dem Baume beziehen und die weitere Bemerkung: »Schieß von dem linken Auge des Totenkopfes« ließ ebenfalls nur eine Auslegung betreffs des Versteckes des Schatzes zu. Ich verstand die Worte so, daß aus dem linken Auge des Schädels eine Kugel hinabgelassen oder geschossen werden sollte, und eine »kerzengerade Linie« von dem nächsten Punkt des Stammes durch den »Schuß« oder den Punkt, auf den die Kugel fiel, gezogen und bis auf fünfzig Schritt verlängert werden müsse, um den Platz anzuzeigen, unter dem meiner Meinung nach Gegenstände von Wert verborgen liegen konnten.«*

*»Alles dies«, sagte ich, »ist ungemein klar, sinnreich und dabei doch einfach. Jedoch was taten Sie, als Sie das Bischofskastell verließen?«*

*»Nun, ich merkte mir den Baum genau und trat den Heimweg an. In dem Augenblick jedoch, in dem ich den »Teufelssitz« verließ, verschwand auch die kreisförmige Öffnung und ich konnte sie, wie ich auch das Teleskop drehen und wenden mochte, nicht mehr erblicken.*

*Auf der Expedition zum Bischofskastell hatte mich Jupiter begleitet. Wahrscheinlich war ihm schon seit ein paar Wochen mein tiefsinniges Wesen aufgefallen, denn er ließ mich keinen Augenblick allein. Am folgenden Morgen jedoch stand ich sehr früh auf, entwischte ihm und begab mich in die Berge, um den Baum aufzusuchen. Ich fand ihn nach langem Wandern. Als ich spät des Abends zurückkam, wollte mein Diener mich durchprügeln, und mit dem Rest des Abenteuers sind Sie, wie ich glaube, selbst so gut bekannt wie ich.«*

**Ein Kommentar dazu**

Das Verfahren, mit dem Legrand den Geheimcode des Kapitäns Kidd knackte, ist statistischer Natur und beruht auf der Frequenz der Buchstaben eines englischen Textes. Man kann bei diesem Verfahren auch vom Prinzip der größten Wahrscheinlichkeit sprechen. Sollten Sie jemals in den Besitz verschlüsselter Karten französischer, italienischer, spanischer oder deutscher Piraten gelangen, so werden Ihnen die Tabellen am Ende des Kapitels nützlich werden.

Ein bemerkenswertes Kriterium des Geheimcodes des Piraten Kidd besteht darin, daß die Buchstaben und Zeichen des Geheimtextes sich von denen des Klartextes unterscheiden. Dies erinnert uns an die Chiffrierscheibe von Giovan Battista della Porta. Die Tatsache, daß das geheime Alphabet aus Sonderzeichen besteht, macht die Entschlüsselung nicht schwieriger, wie die Erzählung aufs deutlichste zeigt. In »Der Goldkäfer« spielt auch die Steganographie eine Rolle (griechisch steganós = geheim, verborgen). Man versteht darunter die Kunst, Botschaften mit Geheimtinte oder anderen Tricks so zu schreiben, daß sie unbeachtet bleiben. Zur Herstellung von Geheimtinten gibt es viele Rezepte: Die einen verwenden Milch, andere Essig, andere gar ... Urin! Die Geheimtinten sind etwas außer Mode geraten, die Steganographie hingegen ist immer noch aktuell: Die wichtigste Technik ist heute die Miniaturisierung, mit deren Hilfe man durch fotografische Verkleinerung einen langen Text auf der Fläche eines i-Punktes unterbringen kann.

Ein altes, recht vergnügliches steganographisches Verfahren besteht darin, eine Geheimbotschaft in einem längeren Text unterzubringen, der möglichst harmlos aussieht. Aus dem Kryptogramm

fRIEDRICH lÄSST DiCH SehR GRÜSSEN

gewinnt man die Botschaft

FLIEH

Der berühmte Philosoph und Politiker Francis Bacon (1561–1626) benutzte einen gemischten krypto-steganographischen Geheimcode. Wir beschreiben hier eine modernisierte Variante seines Systems. Zunächst ersetzt man die Buchstaben des Alphabets durch binäre Fünfergruppen aus den Ziffern 0 und 1. Jeder der 26 Buchstaben erhält eine andere Fünfergruppe zugeordnet. Insgesamt gibt es dafür $2^5 = 2 \times 2 \times 2 \times 2 \times 2 = 32$ Möglichkeiten. Wir

*Francis Bacon, Viscount von St. Albans und Lordkanzler von England (1561–1626). Aufgrund einer Anklage wegen Korruption mußte er sich vom öffentlichen Leben zurückziehen und verwendete die letzten Jahre seines Lebens dazu, um seine wissenschaftlichen und philosophischen Werke zu Ende zu schreiben.*

können den Code ASCII benutzen. Genauer gesagt, verwenden wir die fünf letzten Ziffern der Zahl, die dem jeweiligen Großbuchstaben entspricht: A = 00001, B = 00010, C = 00011, ... Z = 11010. Kehren wir nun zum Schlüssel von Bacon zurück. Man schreibt einen beliebigen, scheinbar harmlosen Text und verwendet dazu zwei Schrifttypen, die sich leicht voneinander unterscheiden. Wir wollen hier Groß- und Kleinbuchstaben verwenden. Jede Gruppe aus fünf Buchstaben des Klartextes verschlüsselt dabei einen Buchstaben. Die Großbuchstaben stehen hier für die 0, die Kleinbuchstaben für die 1. Nehmen wir an, die Geheimbotschaft sei REFUSE (»Verweigere«) und der Tarntext bestünde aus den Anfangsworten von Hamlets berühmtem Monolog (»Sein oder nicht sein, das ist die Frage«). Dann sieht das folgendermaßen aus:

Tarntext:
TO BEOR NOT TO BE THAT IS THE QUESTION
TOBEO RNOTT OBETH ATIST HEQUE STION

Botschaft:

R E F U S E

Botschaft in binärer Form:
10010 00100 00110 10101 10011 00101
TobEo rnOtt obETh AtIsT HeqUE stIoN

Kryptogramm:

To bE or nOt to bE ThAt Is THe qUEstIoN

*Titelblatt der ersten illustrierten Ausgabe des Buches »Die Schatzinsel« von Robert Louis Stevenson.*

**Lingustische Statistik**
Auf der folgenden Seite stehen die versprochenen statistischen Tabellen. Sie bringen die Frequenz der Buchstaben des Alphabets in abnehmender Reihenfolge, dasselbe für die häufigsten Gruppen von je zwei oder drei Buchstaben, ferner auch einige nützliche Prozentangaben.
Die Reihenfolge im Englischen stimmt nicht genau mit der von Legrand überein. Unsere Angaben sind ohne Zweifel zuverlässiger, denn sie beruhen auf einem linguistischen Korpus aus 4.743.925 Buchstaben, der für zahlreiche statistische Untersuchungen der englischen Sprache verwendet wurde (»Corpus Brown«). Müssen wir daraus schließen, daß die Daten von Poe falsch oder ungenau waren? In Wirklichkeit macht es wenig Sinn, von »genauen« statistischen Daten zu sprechen. Es kann durchaus sein, daß eine Analyse anhand eines noch größeren Materials zu leicht veränderten Werten führt. Es ist aber völlig unwahrscheinlich, daß sich bedeutsame, signifikante Änderungen ergeben: Dieser Punkt ist sehr wichtig. Wir haben dazu ein Experiment durchgeführt. Wir haben zufällig eine englische Ausgabe der »Schatzinsel« von Robert Louis Stevenson aufgeschlagen und sind im 17. Kapitel gelandet. Dem Text entnehmen wir einen Abschnitt mit 1000 Buchstaben. Die vier Grafiken auf Seite 39 zeigen die Ergebnisse anhand der ersten zehn, dann

**Französisch**
E N A S R I U T O L D C M P V F B G X H Q Y Z J K W
Kombinationen aus zwei Buchstaben:
ES EN OU DE NT TE ON SE AI IT LE ET ME ER EM
Kombinationen aus drei Buchstaben:
ENT QUE ION LES AIT TIO ANS ONT OUR ANT AIS OUS
Häufigster Buchstabe: E (16%)
Anteil der Vokale: 45%

**Englisch**
E T A O I N S R H L D C U M F P G W Y B V K X J Q Z
Kombinationen aus zwei Buchstaben:
TH HE IN ER AN RE ES ON ST EN NT ED
Kombinationen aus drei Buchstaben:
THE AND THA ENT ION TIO FOR NDE HAS
Häufigster Buchstabe: E (12%)
Anteil der Vokale: 40%

**Italienisch**
E I A O R L N T S C D P U M G V H Z B F Q J K W X Y
Kombinationen aus zwei Buchstaben:
ER ES ON RE EL EN DE SI DI TI AL NT AN RA
Kombinationen aus drei Buchstaben:
CHE ERE ZIO DEL ECO ARI QUE ATO IDE EDI ESI
Häufigste Buchstaben: E A I (jeder 11%)
Anteil der Vokale: 48%

**Spanisch**
E A O S R I N L D C T U P M Y Q G V H F B J Z K W X
Kombinationen aus zwei Buchstaben:
ES EN EL DE LA OS UE AR RA RE ON ER AS ST AL AD TA CO OR
Kombinationen aus drei Buchstaben:
QUE EST ARA ADO AQU CIO DEL NTE EDE OSA PER NEI IST SDE
Häufigster Buchstabe: E (13%)
Anteil der Vokale: 47%

**Deutsch**
E N R I S T U D A H G L O C M B Z F W K V P J Q X Y
Kombinationen aus zwei Buchstaben:
EN ER CH DE GE EI IE IN BE NE TE UN EL DI ST
Kombinationen aus drei Buchstaben:
EIN ICH DEN DER CHT TEN SCH CHE GEN DIE UND UNG
Häufigster Buchstabe: E (18%)
Anteil der Vokale: 40%

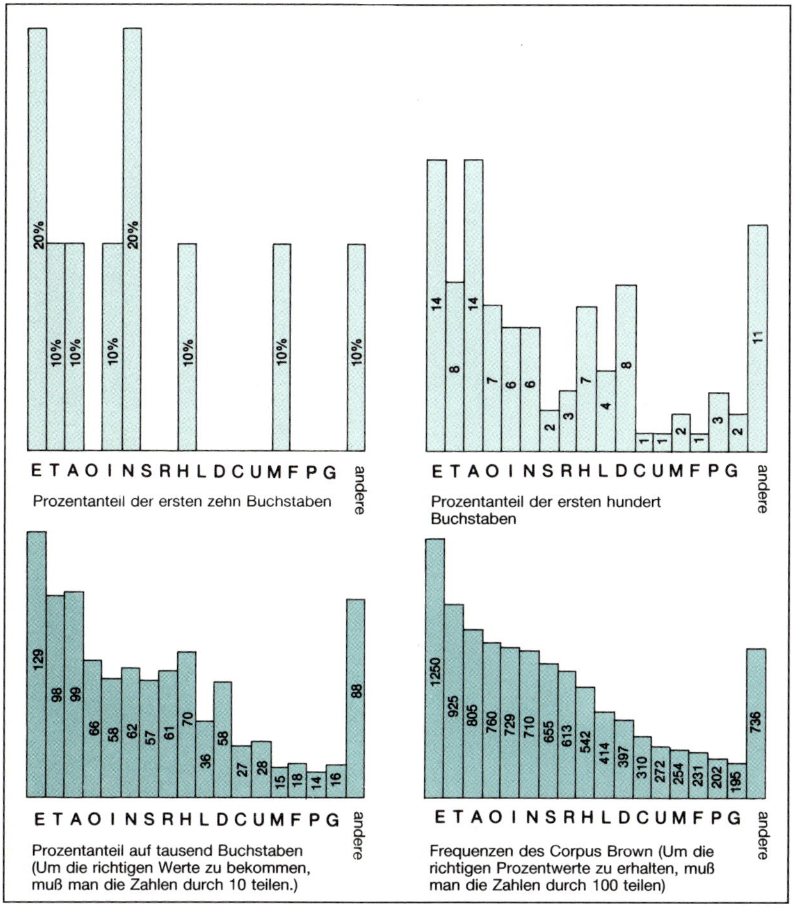


Prozentanteil der ersten zehn Buchstaben

Prozentanteil der ersten hundert Buchstaben

Prozentanteil auf tausend Buchstaben (Um die richtigen Werte zu bekommen, muß man die Zahlen durch 10 teilen.)

Frequenzen des Corpus Brown (Um die richtigen Prozentwerte zu erhalten, muß man die Zahlen durch 100 teilen)

*Diese trockenen Statistiken wurden anhand eines faszinierenden Romans gewonnen: der »Schatzinsel« von Robert Louis Stevenson.*

der ersten hundert und schließlich aller tausend Buchstaben. Die Daten wurden dann mit jenen des Corpus Brown verglichen.

Es fällt sofort ins Auge, daß die Prozentwerte mit zunehmender Länge des untersuchten Textes immer besser zu den Werten aus dem Corpus Brown zusammenpassen. Die Gründe dafür sind nach der Wahrscheinlichkeitstheorie nicht sehr einfach zu erklären. Wir wollen uns aber hier nicht in mathematischen oder philosophischen Fragen verlieren. Was für uns zählt, ist die Tatsache, daß statistische Gesetzmäßigkeiten dem Kryptoanalytiker von Nutzen sind und damit vom Kryptographen durchbrochen werden müssen. Im Jahr 1914 erschien in Los Angeles ein überaus merkwürdiges Buch mit dem Titel: »Gadsby, A Story of Over 50000 Words Without Using the Letter E«. Glücklicherweise werden wir bald einfachere Methoden kennenlernen, um die Statistik durcheinanderzubringen.

# 4 Homophone Schlüssel und Wortlisten

Wie wir gesehen haben, liefert die Frequenzanalyse der Buchstaben eines Kryptogramms dem Spion wertvolle Informationen. Das merkten die Spezialisten schon früh. Statistische Verfahren, die das Prinzip der größten Wahrscheinlichkeit vorwegnahmen und unbrauchbar machten, wurden schon vom Araber Qalqaschandi zu Beginn des 15. Jahrhunderts genannt. Er wiederum schreibt sie seinem Vorgänger Ibn ad-Duraihim (1312–1361) zu. Das erste westliche Werk, das sich ganz der Kryptanalyse widmete, erschien 1474. Der Autor war Cicco Simonetta, Sekretär an der Kanzlei der Sforza, der Herren von Mailand. Er war ungefähr zur gleichen Zeit wie Alberti tätig. Und auch in dessen Werk werden Probleme der Kryptanalyse behandelt. Wir beschreiben hier zwei der ältesten Tricks, um die statistische Analyse von Geheimtexten zu unterlaufen: die homophonen Schlüssel und die Einschiebsel.

**Wie man die Statistik täuscht**

Die ersten bekannten homophonen Chiffren wurden 1401 in der Korrespondenz zwischen dem Hof von Mantua und Simeone von Crema verwendet. Wenn man einen homophonen Schlüssel zu Hilfe nimmt, muß das Alphabet, in dem das Kryptogramm abgefaßt ist, mehr als die 26 Buchstaben enthalten, aus denen der Klartext besteht. Wir können zum Beispiel vier neue Zeichen einfügen, etwa Herz ♥, Pik ♠, Karo ♦ und Kreuz ♣. So steigt die Zahl der Buchstaben der Geheimschrift auf 30. Und das ist nun der Trick an der Sache: Vier sehr häufig auftretende Buchstaben des Klartextes werden »verdoppelt«, d.h. durch zwei unterschiedliche Buchstaben des Geheimalphabets, die sogenannten homophonen Buchstaben verschlüsselt. Sie weisen natürlich eine geringere Frequenz als die entsprechenden Buchstaben des Klartextes auf. Hier haben wir die vier Vokale A, E, I und O doppelt dargestellt. Sie sind in allen wichtigen europäischen Sprachen ziemlich häufig.
Die homophonen Buchstaben, die dem A entsprechen, sind mithin V und G; dem E entsprechen Pik und P usw. Homophone Buchstaben

*Der junge Zar Peter I., der später den Titel der Große bekommen sollte, bei einer Übung seiner Truppen.*
*Sie sollen dabei eine Festung belagern. Eine Kuriosität am Rande: Die Kanonen verschießen Kugeln, die mit Leder überzogen sind.*

| A | A | B | C | D | E | E | F | G | H | I | I | J | K | L | M | N | O | O | P | Q | R | S | T | U | V | W | X | Y | Z |
|---|---|---|---|---|---|---|---|---|---|---|---|---|---|---|---|---|---|---|---|---|---|---|---|---|---|---|---|---|---|
| V | G | ♦ | X | C | ♠ | P | F | W | A | K | B | N | E | ♣ | M | L | S | Z | T | Q | ♥ | I | D | Y | O | J | U | H | R |

*Auf der gegenüberliegenden Seite ist die berühmte homophone Geheimschrift von Sir Walsingham mit einer Wortliste abgebildet. Diese enthält Abkürzungen der am meisten gebrauchten Begriffe.*

können wir abwechselnd verwenden. Das erste A des Klartextes verschlüsseln wir mit einem V, das zweite A mit einem G, das dritte wiederum mit einem V usw. Eine ähnliche Übereinkunft könnte man für E, I und O treffen.
Die folgende Botschaft

DIE HOHE DAME WURDE VERGIFTET

lautet dann

CK ♠ ASAP CVM ♠ JY♥CP O♠♥WKFDPD

Die homophonen Buchstaben aber regelmäßig abzuwechseln, ist viel zu einfach und macht dem Spion die Aufgabe leichter. Es ist viel besser, es dem Zufall zu überlassen, zum Beispiel indem man sich eines Würfels bedient: Kommt eine ungerade Zahl heraus, so verwendet man den ersten homophonen Buchstaben, bei einer geraden Zahl den zweiten. Würfel spielen in der Kryptographie übrigens eine große Rolle.
Die Grundidee der Einschiebsel ist sehr einfach: Im Klartext bringt man Buchstaben unter, die keinerlei Bedeutung haben und die das Verständnis nicht erschweren. Dafür machen sie den Spionen das Leben sauer. Die obige Botschaft ließe sich zum Beispiel folgendermaßen verändern:

DIEH HOHCE DAME WURDTE VERGQIFXTET

Danach kann man diese Botschaft verschlüsseln, zum Beispiel anhand der homophonen Chiffre weiter oben. Sie sieht dann so aus:

CK♠A ASAXP CVM♠ JY♥CDP O♠♥WQKFUDPD

Als Einschiebsel empfehlen sich Buchstaben mit niedriger Frequenz. Homophone Buchstaben senken die Frequenz von Klartextbuchstaben, die wegen ihrer Häufigkeit leicht zu entziffern sind, während die Einschiebsel im Gegensatz dazu die Frequenzen von Buchstaben erhöhen, die wegen ihrer Seltenheit ebenfalls leicht auszumachen sind. Schön wäre es, wenn die Frequenz der Buchstaben des Geheimtextes alle ungefähr gleich wären.
Einschiebsel sind vor allem dort nützlich, wo stereotype Formeln in den Botschaften zu erwarten sind. Diese lassen sich am leichtesten von Spionen identifizieren. Beispiele dafür sind etwa: »Sehr geehrte Herren«, »Mein lieber Freund«, »Herzliche Grüße«, »Ich warte auf weitere Nachrichten« usw. Alles, was sich in der Kryptographie voraussehen läßt, ist gefährlich. Ein hervorragendes System zur Täuschung des Gegners besteht zum Beispiel darin, orthographische Fehler, Dialektbegriffe oder altertümliche Wörter zu verwenden.
Einen Nachteil bringen die Einschiebsel allerdings schon mit sich: Sie führen zu einer Erweiterung des Textes. Dasselbe gilt aber auch für die homophonen Schlüssel. Das kryptographische Alphabet könnte man auf sehr einfache Weise vermehren, indem man die 26 × 26 = 676 Buchstabenkombinationen (von AA, AB, AC usw. bis ZZ) so verwendet, als sei jede ein einziger Buchstabe des Geheimalphabets. 676 »Buchstaben« wären schon viele, und die häufigen A und E des Klartextes könnten dann über Dutzende von Homophonen verfügen. Die Kryptogramme würden aber doppelt so lang ausfallen. Damit halbiert sich auch die Übertragungsgeschwindigkeit, was unter

gewissen Umständen große Nachteile mit sich bringen kann. Und dazu kommt noch etwas: Wenn man einmal eine Substitution mit 676 Buchstaben niedergeschrieben hat, so merkt man, wie umfangreich die Arbeit wird. Ein guter Schlüssel darf nicht zu kompliziert werden, sonst riskiert der Verschlüßler, daß ihm Fehler unterlaufen. Auf diese Weise kann er das ganze Chiffriersystem in Gefahr bringen. Natürlich konnten mit dem technischen Fortschritt auch kompliziertere Chiffriersysteme Anwendung finden. Ganz grob kann man in der Geschichte der Kryptographie drei Perioden unterscheiden: Die erste umfaßt die Verschlüsselung mit Papier und Bleistift. Die zweite ist die Zeit des Telegraphen, die in der ersten Hälfte des vergangenen Jahrhunderts begann. Und heute stehen wir in der dritten Periode, der des Computers.

**Wortlisten**

Vom 16. Jahrhundert bis zur ersten Hälfte des vergangenen Jahrhunderts – ungefähr bis zur Erfindung des Telegraphen – verwendeten die Diplomaten für ihre Korrespondenz vorwiegend Wort- und Namenlisten. Im Bild rechts sehen wir eine solche Liste, wie sie der Botschafter der Königin Elisabeth von England in Frankreich, Sir Francis Walsingham, im Jahr 1571 verwendete. Der Hauptteil besteht aus einem homophonen Schlüssel mit Phantasiebuchstaben anstelle der gewöhnlichen Buchstaben. Im Alphabet des Klartextes ist I = J und U = V = W. Häufig verwendete Begriffe werden durch spezielle Symbole wiedergegeben, etwa durch weitere Phantasiebuchstaben oder durch Nummern in Kästchen.

Übrigens konnten die Kryptogra-

*Die letzten Stunden von Maria Stuart, berühmtes historisches Gemälde des Italieners Francesco Hayez. Das Kunstwerk befindet sich in der Galleria d'Arte Moderna in Florenz.*

phen am Hof der Königin Elisabeth erfolgreich die Geheimschrift und die Wortlisten der schottischen Königin Maria Stuart knacken. Sie war damals Gefangene in Chartley und verwendete den Code, um mit ihren französischen Verbündeten in Verbindung zu treten. Die gegen England gerichtete Konspiration wurde damit bewiesen, und die schottische Königin mußte die Verschwörung mit dem Leben bezahlen: Am 8. Februar 1587 wurde sie hingerichtet. In der Tragödie von Schiller lauten die letzten Worte Maria Stuarts:

JETZT HAB ICH NICHTS MEHR AUF DER ERDEN

Wir verschlüsseln diese Botschaft mit dem Geheimcode von Sir Walsingham, der ein erbitterter Feind der schottischen Königin war, und erhalten beispielsweise:



Die Kryptanalyse blühte nicht nur in London. Die Geheimdienste der Serenissima Repubblica di Venezia beispielsweise waren auf diesem Gebiet ebenfalls zu Recht berühmt. Die Blütezeit der italienischen Kryptographie im 16. Jahrhundert steht übrigens in engstem Zusammenhang mit den entsprechenden Bedürfnissen einer anderen Macht jener Zeit, des Vatikans, in dessen Diensten auch Leon Battista Alberti stand.

Die Hälfte der großen europäischen Mächte stellte innerhalb kurzer Zeit kryptanalytische Dienste auf die Beine, die sich einander heftig bekämpften. Berühmt geblieben sind das geheimnisumwitterte Cabinet Noir von Paris und die Geheime Kabinetts-Kanzlei von Wien. Diese Büros waren sehr erfolgreich. Wenn man die Kryptographie jener Zeit studiert, hat man fast den Eindruck, der Austausch chiffrierter Botschaften sei eine Art Zeitvertreib gewesen. Allzuoft wurden die Kryptogramme von der Gegenseite abgefangen und auch entziffert. Auf der anderen Seite kamen vom kryptographischen Standpunkt aus gesehen bedauernswerte Sitten auf; sie dienten geradezu dem Kryptanalytiker beim Entschlüsseln. Zar Peter der Große (1672–1725) und seine Botschafter beispielsweise korrespondierten nur auf französisch (noblesse oblige!), wenn auch die Texte chiffriert waren. Das war zwar äußerst raffiniert, aber sehr dumm, denn Russisch hätte damals in Westeuropa kaum jemand gekonnt!

Offensichtlich galt in der Hierarchie der Werte das gute Benehmen viel mehr als diplomatische Erfolge! Das 18. Jahrhundert war übrigens keine Zeit der großen kryptographischen Erfolge. Im 16. und 17. Jahrhundert waren die Geheimcodes viel beliebter. Geheimschriften wurden damals noch zusammen mit magischen Ritualen und alchimistischen Bräuchen gepflegt. Das alles widerstrebte im Innersten den aufgeklärten Menschen des 18. Jahrhunderts. Auch die Geheimschrift von Napoleon macht eine ziemlich jämmerliche Figur. Er begnügte sich mit einer antiquierten Wortliste.

## *Übungen*

1. Entschlüsseln Sie das folgende Kryptogramm:
YSM XCM PD♠MP♥ ♦WAPPCM P♠QXKMRMX
♣VFCEERM ♥ ♥AMX YK♠Q YCQELQ♠M
Der Feind hat sich eines homophonen Schlüssels bedient, der als »Buchstaben« die vier Farben des Kartenspiels verwendete. Es gibt gute Gründe für die Annahme, daß in der Botschaft der Name eines berühmten portugiesischen Seefahrers enthalten ist, der die Welt zu Beginn des 16. Jahrhunderts umsegelte. Dazu ist zu sagen, daß in der langen Geschichte der Kryptographie das »Verfahren des wahrscheinlichen Wortes« oft zur entscheidenden Wende geführt hat und die Lösung äußerst schwieriger Geheimcodes erlaubte.

2. Lord Walsingham hat von einem toskanischen Freund das folgende Kryptogramm erhalten:

Wie lautet die Botschaft im Klartext?

3. Ein Kryptograph eliminiert das Q und das Y aus dem Klartext und ersetzt sie durch K und I, was die Leserlichkeit überhaupt nicht beeinträchtigt. Die beiden frei gewordenen Buchstaben verwendet er für eine homophone Chiffre, welche die Frequenz des A und des E maskiert. Was halten Sie von der folgenden homophonen Substitution:
A A B C D E E F G H I J K L M N O P R S T U V W X Z
C O L R A D Z Y X W V U T S Q P N M K J I H G F E B
Rekonstruieren Sie in Klarschrift den Inhalt dieses Kryptogramms:
LDCIO JNSVIHAN JNSC LZOIVIHAN

*(Lösungen auf Seite 125)*

| | | | | | | | | | | | | | | | | | | | | | | | | | |
|---|---|---|---|---|---|---|---|---|---|---|---|---|---|---|---|---|---|---|---|---|---|---|---|---|---|
| A | B | C | D | E | F | G | H | I | J | K | L | M | N | O | P | Q | R | S | T | U | V | W | X | Y | Z |
| B | C | D | E | F | G | H | I | J | K | L | M | N | O | P | Q | R | S | T | U | V | W | X | Y | Z | A |
| C | D | E | F | G | H | I | J | K | L | M | N | O | P | Q | R | S | T | U | V | W | X | Y | Z | A | B |
| D | E | F | G | H | I | J | K | L | M | N | O | P | Q | R | S | T | U | V | W | X | Y | Z | A | B | C |
| E | F | G | H | I | J | K | L | M | N | O | P | Q | R | S | T | U | V | W | X | Y | Z | A | B | C | D |
| F | G | H | I | J | K | L | M | N | O | P | Q | R | S | T | U | V | W | X | Y | Z | A | B | C | D | E |
| G | H | I | J | K | L | M | N | O | P | Q | R | S | T | U | V | W | X | Y | Z | A | B | C | D | E | F |
| H | I | J | K | L | M | N | O | P | Q | R | S | T | U | V | W | X | Y | Z | A | B | C | D | E | F | G |
| I | J | K | L | M | N | O | P | Q | R | S | T | U | V | W | X | Y | Z | A | B | C | D | E | F | G | H |
| J | K | L | M | N | O | P | Q | R | S | T | U | V | W | X | Y | Z | A | B | C | D | E | F | G | H | I |
| K | L | M | N | O | P | Q | R | S | T | U | V | W | X | Y | Z | A | B | C | D | E | F | G | H | I | J |
| L | M | N | O | P | Q | R | S | T | U | V | W | X | Y | Z | A | B | C | D | E | F | G | H | I | J | K |
| M | N | O | P | Q | R | S | T | U | V | W | X | Y | Z | A | B | C | D | E | F | G | H | I | J | K | L |
| N | O | P | Q | R | S | T | U | V | W | X | Y | Z | A | B | C | D | E | F | G | H | I | J | K | L | M |
| O | P | Q | R | S | T | U | V | W | X | Y | Z | A | B | C | D | E | F | G | H | I | J | K | L | M | N |
| P | Q | R | S | T | U | V | W | X | Y | Z | A | B | C | D | E | F | G | H | I | J | K | L | M | N | O |
| Q | R | S | T | U | V | W | X | Y | Z | A | B | C | D | E | F | G | H | I | J | K | L | M | N | O | P |
| R | S | T | U | V | W | X | Y | Z | A | B | C | D | E | F | G | H | I | J | K | L | M | N | O | P | Q |
| S | T | U | V | W | X | Y | Z | A | B | C | D | E | F | G | H | I | J | K | L | M | N | O | P | Q | R |
| T | U | V | W | X | Y | Z | A | B | C | D | E | F | G | H | I | J | K | L | M | N | O | P | Q | R | S |
| U | V | W | X | Y | Z | A | B | C | D | E | F | G | H | I | J | K | L | M | N | O | P | Q | R | S | T |
| V | W | X | Y | Z | A | B | C | D | E | F | G | H | I | J | K | L | M | N | O | P | Q | R | S | T | U |
| W | X | Y | Z | A | B | C | D | E | F | G | H | I | J | K | L | M | N | O | P | Q | R | S | T | U | V |
| X | Y | Z | A | B | C | D | E | F | G | H | I | J | K | L | M | N | O | P | Q | R | S | T | U | V | W |
| Y | Z | A | B | C | D | E | F | G | H | I | J | K | L | M | N | O | P | Q | R | S | T | U | V | W | X |
| Z | A | B | C | D | E | F | G | H | I | J | K | L | M | N | O | P | Q | R | S | T | U | V | W | X | Y |

# 5 Vigenère und Kasiski

Homophone Zeichen und Einschiebsel verhindern, daß die Buchstaben der Geheimschrift dieselbe Frequenz wie die entsprechenden Buchstaben des Klartextes aufweisen. Ein weiteres Verfahren zur Umgehung dieses Nachteils ist die Verwendung polyalphabetischer Schlüssel und der Wechsel der Substitutionsschlüssel während der Chiffrierung. So wird ein und derselbe Buchstabe im Klartext je nach seiner Stellung in der Botschaft unterschiedlich verschlüsselt.

*Eine Vigenère-Tafel. Links der Franzose Blaise de Vigenère (1523–1596), Diplomat und Autor des berühmten Werks »Traicté des chiffres« (1586). Es umfaßte die damaligen kryptographischen Erkenntnisse.*

**Der Schlüssel von Vigenère**
Der Schlüssel von Vigenère ist ein hervorragendes Beispiel für eine Substitutionschiffre polyalphabetischen Typs. Man verwendet dazu die Vigenère-Tafel.
Diesmal besteht der Schlüssel aus einem geheimen Schlüsselwort: Als Beispiel wählen wir hier das Wort LOUP (»Wolf«). Die zu verschlüsselnde Botschaft ist erneut der berühmte Satz von Heinrich IV. Unter die Botschaft schreiben wir das Schlüsselwort und wiederholen es so oft, wie es notwendig ist.

PARIS VAUT BIEN UNE MESSE

LOUPL OUPL OUPL OUP LOUPL

An diesem Punkt hat jeder Buchstabe des Klartextes seinen eigenen Schlüsselbuchstaben: Dem P von PARIS entspricht das L, dem A ein O, . . ., dem E am Ende des Wortes von MESSE entspricht das L.
*Verschlüsselung:* Wir suchen den Buchstaben des Klartextes in der ersten Zeile der Vigenère-Tafel und den Buchstaben des Schlüssels in der ersten Spalte. Damit sind je eine Spalte und eine Zeile festgelegt. Wir ersetzen nun den Buchstaben des Klartextes mit je-

*Aus dem Buchstaben P des Klartextes wird mit Hilfe des Buchstabens L des Schlüsselworts der Buchstabe A in Geheimschrift.*

nem Buchstaben, der an der Kreuzung zwischen der betreffenden Spalte und Zeile steht. In unserem Fall hat das P von PARIS das L von LOUP als Schlüsselbuchstabe; dies führt uns zu einem A in der endgültigen Verschlüsselung.

| | | | | | | | | | | | | | | | | | | | | | | | | | |
|---|---|---|---|---|---|---|---|---|---|---|---|---|---|---|---|---|---|---|---|---|---|---|---|---|---|
| A | B | C | D | E | F | G | H | I | J | K | L | M | N | O | P | Q | R | S | T | U | V | W | X | Y | Z |
| B | C | D | E | F | G | H | I | J | K | L | M | N | O | P | Q | R | S | T | U | V | W | X | Y | Z | A |
| C | D | E | F | G | H | I | J | K | L | M | N | O | P | Q | R | S | T | U | V | W | X | Y | Z | A | B |
| D | E | F | G | H | I | J | K | L | M | N | O | P | Q | R | S | T | U | V | W | X | Y | Z | A | B | C |
| E | F | G | H | I | J | K | L | M | N | O | P | Q | R | S | T | U | V | W | X | Y | Z | A | B | C | D |
| F | G | H | I | J | K | L | M | N | O | P | Q | R | S | T | U | V | W | X | Y | Z | A | B | C | D | E |
| G | H | I | J | K | L | M | N | O | P | Q | R | S | T | U | V | W | X | Y | Z | A | B | C | D | E | F |
| H | I | J | K | L | M | N | O | P | Q | R | S | T | U | V | W | X | Y | Z | A | B | C | D | E | F | G |
| I | J | K | L | M | N | O | P | Q | R | S | T | U | V | W | X | Y | Z | A | B | C | D | E | F | G | H |
| J | K | L | M | N | O | P | Q | R | S | T | U | V | W | X | Y | Z | A | B | C | D | E | F | G | H | I |
| K | L | M | N | O | P | Q | R | S | T | U | V | W | X | Y | Z | A | B | C | D | E | F | G | H | I | J |
| L | M | N | O | P | Q | R | S | T | U | V | W | X | Y | Z | A | B | C | D | E | F | G | H | I | J | K |
| M | N | O | P | Q | R | S | T | U | V | W | X | Y | Z | A | B | C | D | E | F | G | H | I | J | K | L |
| N | O | P | Q | R | S | T | U | V | W | X | Y | Z | A | B | C | D | E | F | G | H | I | J | K | L | M |
| O | P | Q | R | S | T | U | V | W | X | Y | Z | A | B | C | D | E | F | G | H | I | J | K | L | M | N |
| P | Q | R | S | T | U | V | W | X | Y | Z | A | B | C | D | E | F | G | H | I | J | K | L | M | N | O |
| Q | R | S | T | U | V | W | X | Y | Z | A | B | C | D | E | F | G | H | I | J | K | L | M | N | O | P |
| R | S | T | U | V | W | X | Y | Z | A | B | C | D | E | F | G | H | I | J | K | L | M | N | O | P | Q |
| S | T | U | V | W | X | Y | Z | A | B | C | D | E | F | G | H | I | J | K | L | M | N | O | P | Q | R |
| T | U | V | W | X | Y | Z | A | B | C | D | E | F | G | H | I | J | K | L | M | N | O | P | Q | R | S |
| U | V | W | X | Y | Z | A | B | C | D | E | F | G | H | I | J | K | L | M | N | O | P | Q | R | S | T |
| V | W | X | Y | Z | A | B | C | D | E | F | G | H | I | J | K | L | M | N | O | P | Q | R | S | T | U |
| W | X | Y | Z | A | B | C | D | E | F | G | H | I | J | K | L | M | N | O | P | Q | R | S | T | U | V |
| X | Y | Z | A | B | C | D | E | F | G | H | I | J | K | L | M | N | O | P | Q | R | S | T | U | V | W |
| Y | Z | A | B | C | D | E | F | G | H | I | J | K | L | M | N | O | P | Q | R | S | T | U | V | W | X |
| Z | A | B | C | D | E | F | G | H | I | J | K | L | M | N | O | P | Q | R | S | T | U | V | W | X | Y |

Die Dreiergruppe Botschaft-Schlüssel-Kryptogramm ist dann:

| | | | | |
|---|---|---|---|---|
| PARIS | VAUT | BIEN | UNE | MESSE |
| LOUPL | OUPL | OUPL | OUP | LOUPL |
| AOLXD | JUJE | PCTY | IHT | XSMHP |

Wir überlassen es dem Leser, die Dechiffrierung selber zu beschreiben. Wir wollen hier nur unterstreichen, daß sich der Vigenère-Schlüssel auf eine monoalphabetische Rotationschiffre reduziert, wenn das Schlüsselwort aus einem einzigen Buchstaben besteht, zum Beispiel dem G: In einem gewissen Sinn sind die Zeilen der Vigenère-Tafel 26 St.-Cyr-Streifen, die in den 26 möglichen Stellungen »eingefroren« sind. In der Abbildung auf der rechten Seite haben wir nicht die Vigenère-Tafel, sondern vier Chiffrescheiben nach Alberti verwendet. Die erste entspricht dem Schlüsselbuchstaben L, die zweite dem Schlüsselbuchstaben O, die dritte dem U und die letzte dem P. Zur leichteren Chiffrierung unterteilt man die Botschaft in Blöcke zu je vier Buchstaben. Dann ergibt sich meistens ein ungerader Rest, in unserem Fall ein einzelner Buchstabe.

**Das Verfahren von Kasiski**

Lange Zeit und zu Unrecht glaubte man, die Vigenère-Chiffre sei mit kryptanalytischen Methoden nicht aufzulösen, so scharfsinnig diese auch sein mögen. Tatsächlich gibt es eine Art Vigenère-Chiffre, die bis zum äußersten getrieben wurde und die sich nicht knacken läßt. Von dieser perfekten Chiffre werden wir in den letzten Kapiteln sprechen.
Zum Leidwesen der Kryptographen wurde die Vigenère-Chiffre geknackt, und die Kryptanalyse feierte einen weiteren Sieg über die Kryptographie. Das erste Verfahren zur Lösung polyalphabetischer Chiffren schlug der preußische Offizier Friedrich Kasiski (1805–1881) vor. Als er in Pension war, veröffentlichte er 1863 in Berlin ein kryptologisches Werk mit dem Titel »Die Geheimschriften und die Dechiffrierkunst«. Kasiski kommt ziemlich schnell zum Erfolg, sofern das Kryptogramm einigermaßen lang ist.

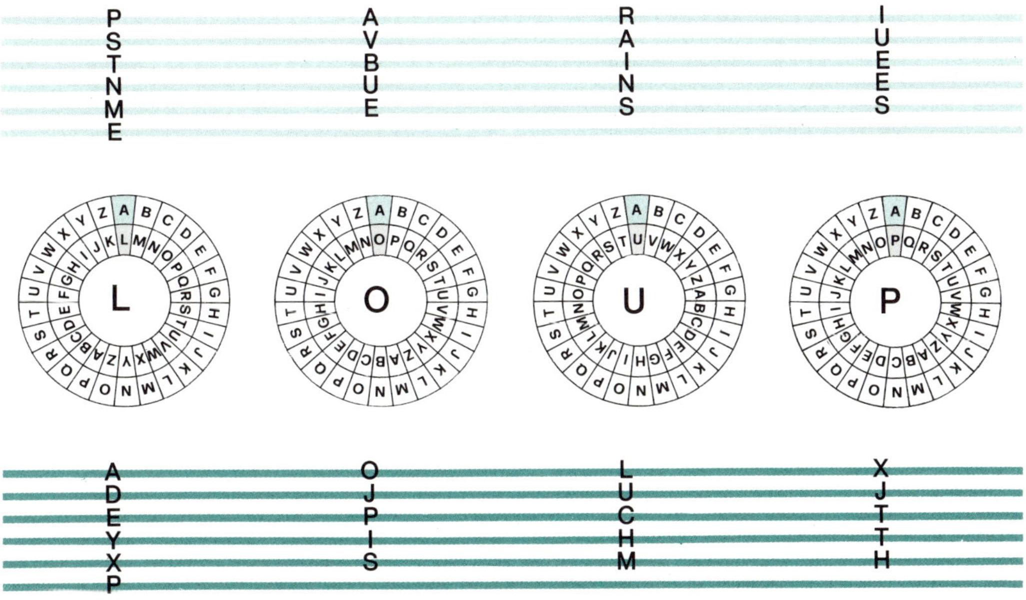


*Die Vigenère-Tafel und die Scheiben von Alberti: Der Klartext steht auf den Zeilen oben, der Geheimtext unten. Das Schlüsselwort lautet LOUP.*

Der Leser ist aufgefordert, folgendes Kryptogramm zu studieren. Aus Boshaftigkeit haben wir auf die Leerstellen verzichtet. Der Text stammt aus London und wurde mit Vigenère chiffriert. Bemerken Sie etwas?

P BIIVFTUZUU QFCRRG YCL R VKETVVRG QFCRRG YGM FNG YCL KHG QPUV TJGCO

Tatsächlich fällt eine merkwürdige Eigenschaft auf, nämlich die Wiederholung der Buchstabengruppe QFCRRG. Wir haben sie zusammen mit einer kürzeren Gruppe, YCL, farblich hervorgehoben. Die erste Gruppe QFCRRG wiederholt sich im Abstand von 18 Buchstaben, während die zweite Gruppe erst nach 24 Buchstaben wieder auftaucht.

Um zu begreifen, was da vor sich geht, vergessen wir für einen Augenblick das Londoner Kryptogramm und versetzen uns in die Lage des Kryptographen. Wir wählen ein Schlüsselwort aus fünf Buchstaben, Edgar. Nehmen wir an, wir müßten die folgende Botschaft verschlüsseln. Sie ist nur dadurch interessant, daß in ihr zweimal das Wort Legrand vorkommt (»Peter Legrand ist ein guter Freund von Paul Legrand«):

PETER LEGRAND IS A GOOD FRIEND OF PAUL LEGRAND

EDGAR EDGARED GA R EDGA REDGAR ED GARE DGAREDG

THZEI PHMRRRG OS R KRUD WVLKNU SI VALP OKGIEQJ

Der erste LEGRAND wird zu PHMRRRG, während der zweite LEGRAND durch OKGIEQJ verschlüsselt wird; in chiffrierter Form sehen sie also ganz anders aus.
Hier eine weitere Botschaft mit ihrem Kryptogramm:

| | | | | | | | | |
|---|---|---|---|---|---|---|---|---|
| PETER | LEGRAND | IS | A | GOOD | FRIEND | OF | NAPOLEON | LEGRAND |
| EDGAR | EDGARED | GA | R | EDGA | REDGAR | ED | GAREDGAR | EDGARED |
| THZEI | PHMRRRG | OS | R | KRUD | WVLKNU | SI | TAGSOKOE | PHMRRRG |

In diesem Fall werden beide LEGRAND mit PHMRRRG verschlüsselt! Was kann da passiert sein? Der Leser muß dazu die beiden folgenden Tatsachen verknüpfen:
1. Das Schlüsselwort besteht aus fünf Buchstaben
2. Im Klartext folgt der zweite LEGRAND auf den ersten in einem Abstand von 30 Buchstaben. 30 ist ein Vielfaches von 5 (30 = 6 × 5).
Kehren wir nun zum Londoner Kryptogramm zurück: Die Tatsache, daß sich die Gruppe QFCRRG nach 18 Buchstaben wiederholt, ist ein Hinweis (nicht eine Sicherheit!), daß die Länge des Schlüsselworts einem Teiler von 18 entspricht, etwa 6 oder 9. Die Wiederholung der Gruppe YCL nach 24 Buchstaben ist ein weiteres Indiz – allerdings ein schwächeres, weil die Buchstabenkombination kürzer ist –, daß die Buchstabenanzahl des Schlüsselworts einem Teiler von 24 entspricht, etwa 4, 6, 8 oder 12. Diese beiden Indizien deuten gemeinsam darauf hin, daß das Schlüsselwort tatsächlich 6 Buchstaben enthält, denn 6 ist ein gemeinsamer Teiler von 18 und 24. Von jetzt an werden wir auf dieser Hypothese weiterbauen, mag sie nun wahr oder falsch sein.
An diesem Punkt gelingt es nun, das Kryptogramm folgendermaßen zu knacken: Wir unterteilen den Geheimtext in Blöcke zu je 6 Buchstaben. Dann bilden wir »Teilkryptogramme«: Das erste besteht aus dem ersten Buchstaben jedes Blocks, das zweite aus dem zweiten Buchstaben jedes Blocks usw. Damit gelangen wir zu einer Darstellung wie unten links auf dieser Seite.
Wenn unsere Hypothese, daß das Schlüsselwort der Chiffre aus 6 Buchstaben besteht, richtig ist – und dazu bestehen berechtigte Hoffnungen –, so sind wir schon nahe am Ziel: Die Teilkryptogramme stammen nämlich alle aus monoalphabetischen Chiffren (warum?) und können damit mit den statistischen Verfahren geknackt werden, die uns Edgar Allan Poe gelehrt hat. Es ist kein Zufall, daß sich das G fünfmal im fünften Teilkryptogramm wiederholt. Es entspricht nämlich, wie wir bald sehen werden, einem E im Klartext. Um den ungeduldigen Leser – bei der Kryptanalyse braucht man unerhört viel Geduld! – nicht weiter auf die Folter zu spannen, verraten wir, daß das Londoner Krypto-

| | | | | | | | | | |
|---|---|---|---|---|---|---|---|---|---|
| Erste Buchstaben: | P | T | F | C | T | F | G | C | O | C |
| Zweite Buchstaben: | B | U | C | L | V | C | M | L | U | O |
| Dritte Buchstaben: | I | Z | E | R | V | R | F | K | V | |
| Vierte Buchstaben: | I | U | R | V | R | R | N | H | T | |
| Fünfte Buchstaben: | V | U | G | K | G | G | G | G | J | |
| Sechste Buchstaben: | F | Q | Y | E | Q | Y | Y | Q | G | |

gramm mit dem Schlüsselwort PIRACY (Piraterie) chiffriert wurde. Die Botschaft lautet im Klartext: A TRITHEMIUS SQUARE AND A VIGENERE SQUARE ARE ONE AND THE SAME THING (»Die Tafel von Trithemius und die Vigenère-Tafel sind ein und dasselbe«). In Wirklichkeit ist die statistische Auflösung der Teilkryptogramme sehr mühselig. Sie sind zu kurz, als daß die Auszählung der Frequenzen typische Werte ergäbe.

Man kann diesem Verfahren entgegenhalten, daß keinerlei Garantie des Gelingens besteht. Die Wiederholung einer bestimmten Buchstabengruppe im Kryptogramm könnte zum Beispiel auf reinem Zufall bestehen. Tatsächlich sind Wiederholungen von Gruppen aus zwei oder drei Buchstaben kaum bedeutsam. Je länger die Buchstabengruppe, um so mehr sagt sie aus. Natürlich kann es sein, daß keinerlei bedeutsame Wiederholung auftritt. In diesem Fall ist mit dem Verfahren von Kasiski nichts anzufangen. Auf jeden Fall kann die Methode nur dann etwas bringen, wenn das Kryptogramm deutlich länger als die Periode, also die Länge des Schlüsselworts ist. Glücklicherweise für die Kryptanalytiker und zum Leidwesen der Kryptographen ist dies in der Praxis oft der Fall. Um das Lösungsverfahren des preußischen Offiziers und anderer Kryptanalytiker, zum Beispiel des Amerikaners William Friedmann, zu umgehen, der einer der berühmtesten Spezialisten unseres Jahrhunderts war, muß man nur die Periode, d. h. die Länge des Schlüsselworts verlängern. Wie ist es aber möglich, wenn man gleichzeitig wünscht, daß das Verschlüsselungsverfahren nicht allzu kompliziert wird und damit einen nicht zu umfangreichen Schlüssel aufweist? Die Rotoren, die wir im elften Kapitel behandeln werden, und die Pseudozufallsverfahren des 14. Kapitels geben uns zwei wenn auch nicht definitive Antworten auf dieses entscheidende Problem der Kryptographie.

## *Übungen*

1. Wir haben im Sinn, die Vigenère-Tafel zu verwenden. Welches der folgenden Schlüsselwörter sagt Ihnen am meisten zu:
SO, PAPA, BARON, BISCHOF, MUSKETIER?
Und welches von diesen beiden ziehen Sie vor:
BARBAR oder VANDALE?

2. Das folgende Kryptogramm wurde mit Hilfe der Vigenère-Tafel erhalten:
SZ DVR FHJQMFNOI FQHDET WWUL VEX NGZIX VUQ
AFACIKQ MZD UEX NGZIX VUQ ZALCATG
Bekannt ist, daß das Schlüsselwort TOPAS oder AMETHYST oder RUBIN oder SAPHIR oder SMARAGD lautet. Mit dem Verfahren von Kasiski können wir sofort das Schlüsselwort bestimmen, ohne zunächst überhaupt probieren zu müssen. Warum?

*(Lösungen auf Seite 126)*

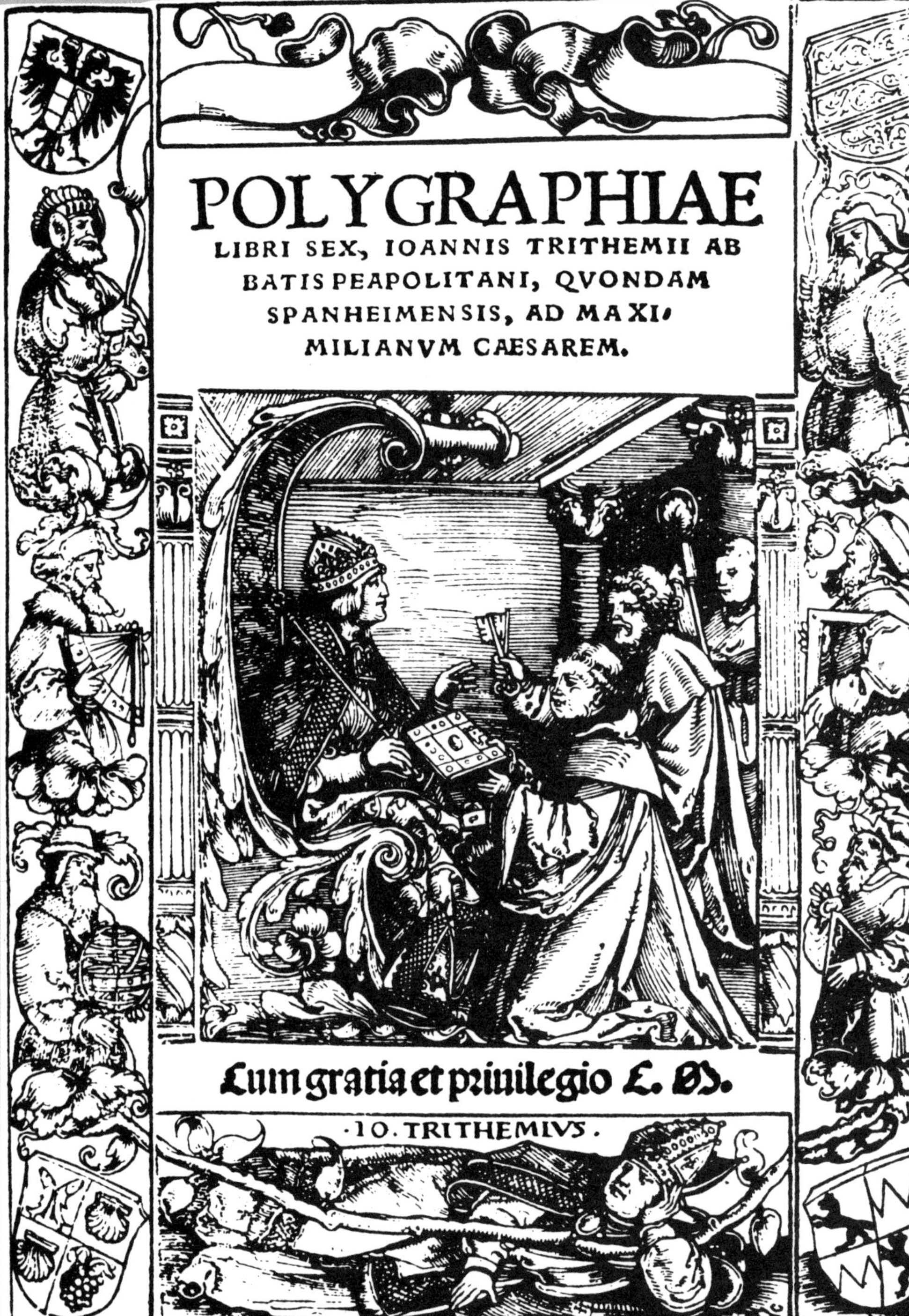
POLYGRAPHIAE
LIBRI SEX, IOANNIS TRITHEMII AB
BATIS PEAPOLITANI, QVONDAM
SPANHEIMENSIS, AD MAXI-
MILIANVM CAESAREM.

Cum gratia et priuilegio C. M.

·IO. TRITHEMIVS·

# 6 Polyalphabetische Chiffren

Der Vigenère-Schlüssel ist typisch für eine ganze Klasse der polyalphabetischen Chiffren. Die Verfahren zur Entzifferung dieser Schlüssel sind stets dieselben. Zu ihnen gehört zum Beispiel die Methode von Kasiski oder das Verfahren von Friedmann.

**Der Schlüssel des Trithemius**

Wir beginnen mit einer sehr schwachen Variante des Vigenère-Schlüssels. Ihr kommt allerdings eine große historische Bedeutung zu. Beim Geheimschlüssel des Trithemius steht das Schlüsselwort fest: Man muß sich nichts merken, doch dafür ist dieses System leider keineswegs sicher.

Johannes Trithemius nannte sich nach seiner Heimatstadt Trittenheim bei Trier, wo er 1462 auf die Welt kam. Er beschäftigte sich mit Naturwissenschaften und stand zeitweise im Rufe eines Magiers. Der Vigenère-Schlüssel müßte eigentlich Trithemius-Schlüssel heißen, denn der Abt benutzte ihn erstmals in seinem umfangreichen Werk »Polygraphiae libri sex«.

| | | | |
|---|---|---|---|
| a | clemens | a | Deus |
| b | clementissimus | b | Creator |
| c | pius | c | Conditor |
| d | pijssimus | d | Opifex |
| e | magnus | e | Dominus |
| f | excelsus | f | Dominator |
| g | maximus | g | Consolator |
| h | optimus | h | Arbiter |

*Das Titelblatt zum Buch »Polygraphiae libri sex«. Abt Trithemius übergibt darauf sein Werk Maximilian I., Kaiser des Heiligen Römischen Reiches Deutscher Nation. Links ist die erste Seite der Chiffre des Ave Maria von Trithemius abgebildet. Diese Chiffre ist sehr umständlich: Die Buchstaben des Klartextes ersetzt man durch fromme Anrufungen, mit denen man ein vorgetäuschtes Gebet zusammenstellt.*

Im polyalphabetischen Schlüssel des Trithemius verwendet man die Zeilen der Vigenère-Tafel hintereinander von oben nach unten. Ist man bei der letzten Zeile angelangt, so fängt man wieder oben an. Das »Schlüsselwort«, wenn man denn diesen Begriff verwenden will, lautet damit:

ABCDEFGHIJKLMNOPQRSTUVWXYZ

Im folgenden Beispiel wollen wir den Schlüssel des Abtes und Schriftstellers näher kennenlernen:

DIE ZEITEN DER VERGANGENHEIT SIND UNS EIN BUCH MIT SIEBEN SIEGELN

ABC DEFGHI JKL MNOPQRSTUVWXY ZABC DEF GHI JKLM NOP QRSTUV WXYZABC

DJG CINZLV MOC HRFVQEYXHCAFR RIOF XRX KPV KENT ZWI IZWUYI OFCFEMP

*Die Chiffre von Gronsfeld. In der Tabelle treten nur die ersten zehn Zahlen der Vigenère-Tafel auf. Der Grund dafür liegt in der Tatsache, daß das »Schlüsselwort« eigentlich eine Zahl ist, zum Beispiel 1027. Durch Zufall entspräche sie dann einem deutschen Wort, nämlich BACH, wie man anhand der ersten Buchstabenspalte leicht ablesen kann.*

**Der Schlüssel von Gronsfeld**

Auch der Schlüssel von Gronsfeld ist eine Variante der Vigenère-Chiffre, wenn auch nicht so schwach wie der Schlüssel des Trithemius. Der Graf von Gronsfeld hatte immerhin einen großen Ruf als Kryptologe.

Wir streichen die Zeilen der Vigenère-Tafel, die unterhalb des K stehen, und behalten nur jene, die mit A, B, C, D, E, F, G, H, I, J beginnen: Und schon haben wir den Schlüssel von Gronsfeld!

Damit ist der Benutzer natürlich an Schlüsselwörter gebunden, welche nur die ersten zehn Buchstaben des Alphabets enthalten, auf deutsch zum Beispiel BACH, auf italienisch etwa BACCA, was »Beere« heißt. Mit dieser einschränkenden Regel wird unsere Phantasie auf eine harte Probe gestellt. In Wirklichkeit beruht der Schlüssel von Gronsfeld auf einer Schlüsselzahl und nicht auf einem Schlüsselwort. Dazu die folgende Tabelle:

| | |
|---|---|
| 0 | A B C D E F G H I J K L M N O P Q R S T U V W X Y Z |
| 1 | B C D E F G H I J K L M N O P Q R S T U V W X Y Z A |
| 2 | C D E F G H I J K L M N O P Q R S T U V W X Y Z A B |
| 3 | D E F G H I J K L M N O P Q R S T U V W X Y Z A B C |
| 4 | E F G H I J K L M N O P Q R S T U V W X Y Z A B C D |
| 5 | F G H I J K L M N O P Q R S T U V W X Y Z A B C D E |
| 6 | G H I J K L M N O P Q R S T U V W X Y Z A B C D E F |
| 7 | H I J K L M N O P Q R S T U V W X Y Z A B C D E F G |
| 8 | I J K L M N O P Q R S T U V W X Y Z A B C D E F G H |
| 9 | J K L M N O P Q R S T U V W X Y Z A B C D E F G H I |

Hier die Verschlüsselung mit Hilfe der Zahl 1027, die dem deutschen Wort BACH entspricht.

Die Botschaft wurde nicht zufällig gewählt. Während einer Reise von Mainz nach Frankfurt erklärte der Graf von Gronsfeld seinen Geheimcode dem Jesuitenpater Kaspar Schott, von dem später noch die Rede sein wird.

Unnötig zu sagen, daß die Chiffre von Gronsfeld weniger leistet als die Vigenère-Tafel. Die geringe Zahl von Schlüsseln hat einen schweren Nachteil zur Folge: Gewisse Buchstaben des Kryptogramms können nicht von gewissen anderen Buchstaben des Klartextes stammen. Das S beispielsweise kann weder von Buchstaben zwischen A und I noch von Buchstaben zwischen T und Z stammen.

Im Jahr 1892 nahmen die französischen Behörden eine Gruppe von Anarchisten gefangen. Leider – oder glücklicherweise, je nach Standpunkt – hatten sie ihre Geheimnisse mit dem Gronsfeld-Code verschlüsselt. Die aufgefundenen Kryptogramme entzifferte Etienne Bazéries, der zu jener Zeit einer der bekanntesten Experten auf dem Gebiet der Geheimschriften war. Er war es auch gewesen, der die historischen Wortlisten der Könige Franz I., Franz II. und Heinrich IV., des Abgeordneten Mirabeau und Napoleons geknackt hatte. Bazéries brauchte zwei Wochen zur Entzifferung der anarchistischen Texte – angesichts seiner Qualität als Kryptanalytiker ziemlich lange. Doch war die Aufgabe durch Einschiebsel ohne Bedeutung erschwert.

| | | | | | | | | | |
|---|---|---|---|---|---|---|---|---|---|
| VON | MAINZ | NACH | FRANKFURT | IST | DER | WEG | STAUBIG | UND | LANGWEILIG |
| BAC | HBACH | BACH | BACHBACHB | ACH | BAC | HBA | CHBACHB | ACH | BACHBACHBA |
| WOP | TBIPG | OAEO | GRCULFWYU | IUA | EET | DFG | UABUDPH | UPK | MAPNXEKSJG |

**Die beiden Chiffren von Beaufort**

Die beiden Schlüssel von Beaufort machen von der Vigenère-Tafel Gebrauch und beruhen auf einem „normalen“ Schlüsselwort. Die Regeln zur Chiffrierung und Dechiffrierung sind aber anders. Beginnen wir mit der ersten Chiffre, die oft die »wahre« Beaufort-Chiffre genannt wird. Man sucht den Buchstaben des Klartextes in der ersten Zeile oben. Dann fährt man in der entsprechenden Spalte nach unten, bis man auf den Buchstaben des Schlüssels trifft. In dieser Zeile geht man ganz nach links außen und verwendet den ersten Buchstaben der Zeile für die Geheimschrift. Unser Beispiel bedeutet: »Das ist immer dasselbe«. Das Schlüsselwort lautet WIND. Um Platz zu sparen, haben wir auch gleich das Kryptogramm niedergeschrieben, das uns die zweite Chiffre von Beaufort liefert:

| | | | | | | | | | | | | | | | | | | | | | | | | | |
|---|---|---|---|---|---|---|---|---|---|---|---|---|---|---|---|---|---|---|---|---|---|---|---|---|---|
| A | B | C | D | E | F | G | H | I | J | K | L | M | N | O | P | Q | R | S | T | U | V | W | X | Y | Z |
| B | C | D | E | F | G | H | I | J | K | L | M | N | O | P | Q | R | S | T | U | V | W | X | Y | Z | A |
| C | D | E | F | G | H | I | J | K | L | M | N | O | P | Q | R | S | T | U | V | W | X | Y | Z | A | B |
| D | E | F | G | H | I | J | K | L | M | N | O | P | Q | R | S | T | U | V | W | X | Y | Z | A | B | C |
| E | F | G | H | I | J | K | L | M | N | O | P | Q | R | S | T | U | V | W | X | Y | Z | A | B | C | D |
| F | G | H | I | J | K | L | M | N | O | P | Q | R | S | T | U | V | W | X | Y | Z | A | B | C | D | E |
| G | H | I | J | K | L | M | N | O | P | Q | R | S | T | U | V | W | X | Y | Z | A | B | C | D | E | F |
| H | I | J | K | L | M | N | O | P | Q | R | S | T | U | V | W | X | Y | Z | A | B | C | D | E | F | G |
| I | J | K | L | M | N | O | P | Q | R | S | T | U | V | W | X | Y | Z | A | B | C | D | E | F | G | H |
| J | K | L | M | N | O | P | Q | R | S | T | U | V | W | X | Y | Z | A | B | C | D | E | F | G | H | I |
| K | L | M | N | O | P | Q | R | S | T | U | V | W | X | Y | Z | A | B | C | D | E | F | G | H | I | J |
| L | M | N | O | P | Q | R | S | T | U | V | W | X | Y | Z | A | B | C | D | E | F | G | H | I | J | K |
| M | N | O | P | Q | R | S | T | U | V | W | X | Y | Z | A | B | C | D | E | F | G | H | I | J | K | L |
| N | O | P | Q | R | S | T | U | V | W | X | Y | Z | A | B | C | D | E | F | G | H | I | J | K | L | M |
| O | P | Q | R | S | T | U | V | W | X | Y | Z | A | B | C | D | E | F | G | H | I | J | K | L | M | N |
| P | Q | R | S | T | U | V | W | X | Y | Z | A | B | C | D | E | F | G | H | I | J | K | L | M | N | O |
| Q | R | S | T | U | V | W | X | Y | Z | A | B | C | D | E | F | G | H | I | J | K | L | M | N | O | P |
| R | S | T | U | V | W | X | Y | Z | A | B | C | D | E | F | G | H | I | J | K | L | M | N | O | P | Q |
| S | T | U | V | W | X | Y | Z | A | B | C | D | E | F | G | H | I | J | K | L | M | N | O | P | Q | R |
| T | U | V | W | X | Y | Z | A | B | C | D | E | F | G | H | I | J | K | L | M | N | O | P | Q | R | S |
| U | V | W | X | Y | Z | A | B | C | D | E | F | G | H | I | J | K | L | M | N | O | P | Q | R | S | T |
| V | W | X | Y | Z | A | B | C | D | E | F | G | H | I | J | K | L | M | N | O | P | Q | R | S | T | U |
| W | X | Y | Z | A | B | C | D | E | F | G | H | I | J | K | L | M | N | O | P | Q | R | S | T | U | V |
| X | Y | Z | A | B | C | D | E | F | G | H | I | J | K | L | M | N | O | P | Q | R | S | T | U | V | W |
| Y | Z | A | B | C | D | E | F | G | H | I | J | K | L | M | N | O | P | Q | R | S | T | U | V | W | X |
| Z | A | B | C | D | E | F | G | H | I | J | K | L | M | N | O | P | Q | R | S | T | U | V | W | X | Y |

| | | | | | |
|---|---|---|---|---|---|
| THIS | IS | THE | SAME | OLD | STUFF |
| WIND | WI | NDW | INDW | IND | WINDW |
| DBFL | OQ | UWS | QNRS | UCA | EPTYR |
| XZVP | MK | GEI | KNJI | GYA | WLHCJ |

*Oben: Der Buchstabe T ergibt bei der ersten Chiffre von Beaufort mit Hilfe von W ein D, in der zweiten ein X. Unten: Die Beaufort-Skala der Windstärken.*

Der Leser mag vielleicht glauben, die erste Chiffre von Beaufort und die Chiffre von Vigenère seien »the same old stuff«, wie die Botschaft meint. Damit hat er nicht unrecht. Übrigens wurde die Beaufort-Chiffre bereits 1710 von Giovanni Sestri beschrieben. Auch die zweite Chiffre von Beaufort, die Beaufort-Variante, ist »immer dasselbe«. In diesem Fall sucht man das Schlüsselwort in der ersten Zeile. Dann wandert man der Spalte entlang, bis man auf den Buchstaben im Klartext stößt. Der erste Buchstabe der entsprechenden Zeile ist dann der Buchstabe in Geheimschrift. Übrigens: Man sollte nie Schlüsselwörter verwenden, deren Bedeutung sich leicht erraten lassen, in Kriegszeiten zum Beispiel »SIEG« oder »HEIMAT«. Von diesem Gesichtspunkt aus gesehen ist das Schlüsselwort denkbar schlecht gewählt. Sir Francis Beaufort hatte nämlich der Beaufort-Skala der Windstärken seinen Namen geliehen.

Wir überlassen es dem Leser, die Regeln zur Entschlüsselung der Beaufort-Chiffren auszuarbeiten.

| Beaufortgrad | Bezeichnung |
|---|---|
| 0 | still |
| 1 | leiser Zug |
| 2 | leichte Brise |
| 3 | schwache Brise |
| 4 | mäßige Brise |
| 5 | frische Brise |
| 6 | starker Wind |
| 7 | steifer Wind |
| 8 | stürmischer Wind |
| 9 | Sturm |
| 10 | schwerer Sturm |
| 11 | orkanartiger Sturm |
| 12 | Orkan |

*Die Tabelle von Porta: Wenn der Schlüsselbuchstabe U oder V lautet, so wird der Buchstabe A im Klartext als Q chiffriert. Umgekehrt erscheint das Q im Klartext als A im Kryptogramm. Ein solcher Schlüssel ist umkehrbar.*

Um die Ähnlichkeit zwischen den Chiffren von Vigenère und Beaufort stärker hervorzuheben, beschreiben wir hier eine Addition und eine Subtraktion ... von Buchstaben. Diese beiden merkwürdigen Operationen beruhen auf den Chiffrierscheiben aus dem zweiten Kapitel. Wir raten dem Leser, an die konzentrischen Scheiben von Alberti zu denken.

*Addition:* Nehmen wir an, die beiden Summanden seien F und R. Wir wollen also F + R berechnen. Dies geschieht nach folgender Regel: F gilt als Buchstabe im Klartext, R als Schlüssel: Somit ergibt sich folgendes Kryptogramm: F + R = W.

*Subtraktion:* Nehmen wir an, wir wollten R von W abziehen. Wir wollen also W – R berechnen. Das geht nach folgender Regel vor sich: W gilt als Kryptogramm, das zu entziffern ist, R ist der Schlüssel, um das Kryptogramm zu erhalten. Das Ergebnis ist dann ein Buchstabe im Klartext. Es gilt also: W – R = F.

Mit anderen Worten: Addieren entspricht nach den Regeln der Vigenère-Chiffre dem Verschlüsseln. Subtrahieren entspricht dann dem Entschlüsseln. Wenn wir das berücksichtigen, so können wir die Regeln für die drei Chiffren in symbolischer Schreibweise folgendermaßen fassen:

| | | | |
|---|---|---|---|
| VIGENÈRE: | Kryptogramm | = | Botschaft + Schlüssel |
| BEAUFORT 1: | Kryptogramm | = | Schlüssel – Botschaft |
| BEAUFORT 2: | Kryptogramm | = | Botschaft – Schlüssel |

Der Leser ist dazu aufgerufen, die drei obigen Formeln zu interpretieren. Dies wäre nämlich der erste Schritt zur Algebraisierung der Kryptographie. Dieser Aufgabe widmete sich in den zwanziger Jahren unseres Jahrhunderts vor allem der Amerikaner Lester Hill.

**Die Geheimschrift von Porta**

Ungeachtet der Chronologie haben wir die Geheimschrift von Porta bis zuletzt aufgespart, weil sie dem Ursprungsmodell am wenigsten ähnelt. In der Tabelle unten ist das Alphabet dreizehnmal verzeichnet, jedesmal auf zwei Zeilen verteilt. Jedem Zeilenpaar ist links außen ein Buchstabenpaar zugeordnet.

| | | | | | | | | | | | | | |
|---|---|---|---|---|---|---|---|---|---|---|---|---|---|
| AB | A | B | C | D | E | F | G | H | I | J | K | L | M |
| | N | O | P | Q | R | S | T | U | V | W | X | Y | Z |
| CD | A | B | C | D | E | F | G | H | I | J | K | L | M |
| | Z | N | O | P | Q | R | S | T | U | V | W | X | Y |
| EF | A | B | C | D | E | F | G | H | I | J | K | L | M |
| | Y | Z | N | O | P | Q | R | S | T | U | V | W | X |
| GH | A | B | C | D | E | F | G | H | I | J | K | L | M |
| | X | Y | Z | N | O | P | Q | R | S | T | U | V | W |
| IJ | A | B | C | D | E | F | G | H | I | J | K | L | M |
| | W | X | Y | Z | N | O | P | Q | R | S | T | U | V |
| KL | A | B | C | D | E | F | G | H | I | J | K | L | M |
| | V | W | X | Y | Z | N | O | P | Q | R | S | T | U |
| MN | A | B | C | D | E | F | G | H | I | J | K | L | M |
| | U | V | W | X | Y | Z | N | O | P | Q | R | S | T |
| OP | A | B | C | D | E | F | G | H | I | J | K | L | M |
| | T | U | V | W | X | Y | Z | N | O | P | Q | R | S |
| QR | A | B | C | D | E | F | G | H | I | J | K | L | M |
| | S | T | U | V | W | X | Y | Z | N | O | P | Q | R |
| ST | A | B | C | D | E | F | G | H | I | J | K | L | M |
| | R | S | T | U | V | W | X | Y | Z | N | O | P | Q |
| UV | A | B | C | D | E | F | G | H | I | J | K | L | M |
| | Q | R | S | T | U | V | W | X | Y | Z | N | O | P |
| WX | A | B | C | D | E | F | G | H | I | J | K | L | M |
| | P | Q | R | S | T | U | V | W | X | Y | Z | N | O |
| YZ | A | B | C | D | E | F | G | H | I | J | K | L | M |
| | O | P | Q | R | S | T | U | V | W | X | Y | Z | N |

Wenn man die dreizehn Alphabete betrachtet, merkt man, daß die erste Hälfte stets dieselbe bleibt, während die zweite Hälfte um je einen Buchstaben weiter verschoben wurde.
Nehmen wir an, das (italienische) Schlüsselwort laute VENDETTA (»Rache«) und die zu chiffrierende Botschaft sei IL VULCANO ERUTTA TORRENTI DI LAVA (»Der Vulkan stößt Lavaströme aus«). Das I wird mit Hilfe des V verschlüsselt. Wir suchen nun das Alphabet mit dem Anfangsbuchstaben V. Es ist das dritte von unten. Das I wird dabei vom Y verschlüsselt, das direkt unter dem I steht. Das L wird vom W verschlüsselt, weil im Alphabet mit dem Kopfbuchstaben E das L und das W in derselben Spalte stehen. Das V und das B befinden sich im Alphabet mit dem Anfangsbuchstaben N in derselben Spalte, usw.:
Noch zwei Bemerkungen: Zunächst sei darauf hingewiesen, daß die Chiffre von Porta eine sehr angenehme Eigenschaft aufweist: Die Chiffrierung und die Dechiffrierung erfolgen auf genau dieselbe Weise. Warum? Diese Umkehrarbeit ist eine sehr günstige ökonomische Eigenschaft, besonders wenn die Chiffrierung mit Hilfe einer Maschine erfolgt. Bis hierher ist alles in Ordnung, doch jetzt folgt das Unangenehme. Schlüsselwörter wie CASA oder DATA auf italienisch, CASE oder DATE auf englisch, GASSE oder GATTE auf deutsch sind für die Chiffre von Porta das-

*Die Tabelle von Porta, aufgezeichnet nach Art der Vigenère-Tafel. Man bemerkt sofort, daß jede Zeile zweimal wiederholt wird. Entsprechend leicht ist auch die Geheimschrift zu knacken.*

IL VULCANO ERUTTA TORRENTI DI LAVA
VE NDETTAV ENDETT AVENDETT AV ENDE
YW BIWTRAL PKIICR GLGKQCCZ QY WUJY

| | A | B | C | D | E | F | G | H | I | J | K | L | M | N | O | P | Q | R | S | T | U | V | W | X | Y | Z |
|---|---|---|---|---|---|---|---|---|---|---|---|---|---|---|---|---|---|---|---|---|---|---|---|---|---|---|
| A | N | O | P | Q | R | S | T | U | V | W | X | Y | Z | A | B | C | D | E | F | G | H | I | J | K | L | M |
| B | N | O | P | Q | R | S | T | U | V | W | X | Y | Z | A | B | C | D | E | F | G | H | I | J | K | L | M |
| C | Z | N | O | P | Q | R | S | T | U | V | W | X | Y | B | C | D | E | F | G | H | I | J | K | L | M | A |
| D | Z | N | O | P | Q | R | S | T | U | V | W | X | Y | B | C | D | E | F | G | H | I | J | K | L | M | A |
| E | Y | Z | N | O | P | Q | R | S | T | U | V | W | X | C | D | E | F | G | H | I | J | K | L | M | A | B |
| F | Y | Z | N | O | P | Q | R | S | T | U | V | W | X | C | D | E | F | G | H | I | J | K | L | M | A | B |
| G | X | Y | Z | N | O | P | Q | R | S | T | U | V | W | D | E | F | G | H | I | J | K | L | M | A | B | C |
| H | X | Y | Z | N | O | P | Q | R | S | T | U | V | W | D | E | F | G | H | I | J | K | L | M | A | B | C |
| I | W | X | Y | Z | N | O | P | Q | R | S | T | U | V | E | F | G | H | I | J | K | L | M | A | B | C | D |
| J | W | X | Y | Z | N | O | P | Q | R | S | T | U | V | E | F | G | H | I | J | K | L | M | A | B | C | D |
| K | V | W | X | Y | Z | N | O | P | Q | R | S | T | U | F | G | H | I | J | K | L | M | A | B | C | D | E |
| L | V | W | X | Y | Z | N | O | P | Q | R | S | T | U | F | G | H | I | J | K | L | M | A | B | C | D | E |
| M | U | V | W | X | Y | Z | N | O | P | Q | R | S | T | G | H | I | J | K | L | M | A | B | C | D | E | F |
| N | U | V | W | X | Y | Z | N | O | P | Q | R | S | T | G | H | I | J | K | L | M | A | B | C | D | E | F |
| O | T | U | V | W | X | Y | Z | N | O | P | Q | R | S | H | I | J | K | L | M | A | B | C | D | E | F | G |
| P | T | U | V | W | X | Y | Z | N | O | P | Q | R | S | H | I | J | K | L | M | A | B | C | D | E | F | G |
| Q | S | T | U | V | W | X | Y | Z | N | O | P | Q | R | I | J | K | L | M | A | B | C | D | E | F | G | H |
| R | S | T | U | V | W | X | Y | Z | N | O | P | Q | R | I | J | K | L | M | A | B | C | D | E | F | G | H |
| S | R | S | T | U | V | W | X | Y | Z | N | O | P | Q | J | K | L | M | A | B | C | D | E | F | G | H | I |
| T | R | S | T | U | V | W | X | Y | Z | N | O | P | Q | J | K | L | M | A | B | C | D | E | F | G | H | I |
| U | Q | R | S | T | U | V | W | X | Y | Z | N | O | P | K | L | M | A | B | C | D | E | F | G | H | I | J |
| V | Q | R | S | T | U | V | W | X | Y | Z | N | O | P | K | L | M | A | B | C | D | E | F | G | H | I | J |
| W | P | Q | R | S | T | U | V | W | X | Y | Z | N | O | L | M | A | B | C | D | E | F | G | H | I | J | K |
| X | P | Q | R | S | T | U | V | W | X | Y | Z | N | O | L | M | A | B | C | D | E | F | G | H | I | J | K |
| Y | O | P | Q | R | S | T | U | V | W | X | Y | Z | N | M | A | B | C | D | E | F | G | H | I | J | K | L |
| Z | O | P | Q | R | S | T | U | V | W | X | Y | Z | N | M | A | B | C | D | E | F | G | H | I | J | K | L |

selbe Schlüsselwort. Probieren Sie es ruhig aus! Es hängt mit dem doppelten Kopfbuchstaben zusammen. Das wird noch deutlicher, wenn man die Tabelle von Porta sozusagen als Vigenère-Tafel darstellt.
Sofort erkennt man, daß die Zeilen der Tafel paarweise dieselben sind. Bei der Chiffre von Gronsfeld hatten wir sechzehn Zeilen verloren, während wir hier nur dreizehn einbüßen. Doch auch dies ist schon einigermaßen beunruhigend. Die Zeilen, wie sie hier stehen, sind in dieser Form in der Vigenère-Tafel nicht zu finden. Dieses Fehlen einer Regelmäßigkeit kann von Nutzen sein. Doch es bleibt die Tatsache, daß wir nur dreizehn Substitutionen zur Hand haben und nicht mehr 26.

Chiffren mit Selbstschlüssel, die wir hier nun erklären wollen.
Der Leser weiß bereits, daß eine Geheimschrift nach der Chiffre von Vigenère einem kryptanalytischen Angriff um so besser widersteht, je länger das Schlüsselwort ist. Mit dem Selbstschlüssel lieferten nun Belaso und Vigenère eine raffinierte Lösung auf dieses Problem. Sie nahmen einen Schlüssel, der genauso lang ist wie die Botschaft selbst. Wir beginnen mit einem normalen Schlüsselwort, zum Beispiel PROVENCE. Anstatt nun das Wort PROVENCE weiter zu wiederholen, verwenden wir die Botschaft selbst. Hier ein Beispiel dazu (»Der Fürst hat die Bastionen der Stadt überwunden«):

LE DUC A FORCE LES REMPARTS DE LA VILLE

PR OVE N CELED UCA FORCELES RE MP ARTSD

AV RPG N HSCGH FGS WSDRECXK UI XP VZEDH

**Chiffren mit Selbstschlüssel**
Wir haben zuvor gesehen, daß man die Vigenère-Tafel eigentlich nach Trithemius benennen müßte. Aber auch der Brescianer Edelmann Giovan Battista Belaso hatte bereits polyalphabetische Chiffren mit einem Schlüsselwort beschrieben. 1553 veröffentlichte er ein Büchlein mit dem Titel »Il vero modo di scrivere in cifra«. Die Namen von Belaso und Blaise de Vigenère stehen zusätzlich in Zusammenhang mit noch raffinierteren Geheimschriftsystemen. Es handelt sich um die

Mit dem Schlüsselwort gewinnt man die ersten acht Buchstaben der Botschaft. Mit deren Hilfe erhält man weitere acht Buchstaben und gelangt durch Wiederholung schließlich zum Erfolg.

| | | |
|---|---|---|
| AVRPGNHS | CGHFGSWS | ... |
| PROVENCE | LEDUCAFO | ... |
| | ↗ | ↗ |
| LEDUCAFO | RCELESRE | ... |

## *Übungen*

1. In einem lateinischen Buch, das dem Abt Trithemius zugeschrieben wird, findet sich das folgende Kryptogramm, das Sie entziffern sollten:
VBFH VJZYW BKEMAO

2. Ein Schüler von Trithemius verwendet die Chiffre seines Meisters, geht aber nicht notwendigerweise von der ersten Zeile der Tabelle aus. Wieviele Schlüssel hat das neue Chiffriersystem?
Entziffern Sie das folgende Kryptogramm:
VMH ZYIWCTF TZDHZS FOIZF

3. Lösen Sie das folgende Kryptogramm des Grafen von Gronsfeld. Beachten Sie dabei, daß der Schlüssel dem Jahr entspricht, in dem eine wichtige geografische Entdeckung gemacht wurde:
EIA MVVRGS LJV VRB XFVACUIW

4. Ein unerfahrener Kryptograph entscheidet sich dazu, die Vigenère-Chiffre und die Beaufort-Variante hintereinander zu verwenden: Er chiffriert den Klartext nach Vigenère und erhält ein Kryptogramm, das er wiederum nach dem Verfahren von Beaufort verschlüsselt. Ist es sinnvoll, für beide Chiffriervorschläge dasselbe Schlüsselwort zu wählen?

5. Ein Kurier, den Giambattista della Porta in geheimer Mission entsandt hat, muß das folgende Schlüsselwort im Kopf behalten, das einer mysteriösen asiatischen Sprache entstammt:
UVKDAMP
Der Kurier ist Italiener und befürchtet, sich an das Wort nicht mehr zu erinnern, vergeßlich wie er ist. Glücklicherweise wurde die Chiffrierung nach Porta verwendet. Was könnte das bedeuten?

*(Lösungen auf Seite 126)*

# 7 Das Gitter von Mathias Sandorf

Es ist nun der Augenblick gekommen, um sich mit Geheimschriften zu beschäftigen, die auf die spartanische Skytale zurückgehen. Das bedeutet, wir verlassen die Substitutionschiffren und widmen uns nun den Transpositionschiffren. Viele Chiffren dieser Art machen Gebrauch von einem Gitter oder Drehgitter. Sie wurden wahrscheinlich von Girolamo Cardano in die Kryptographie eingeführt.

**Die Verschwörung von Triest**
Noch einmal kommt uns ein berühmter Schriftsteller zu Hilfe. Wir übergeben das Wort Jules Verne (1828–1905), der eine Schwäche für die Kryptographie hatte: Er griff in drei Romanen auf sie zurück, in »Reise nach dem Mittelpunkt der Erde«, in »Mathias Sandorf« und in »La Jangada«. Die folgenden Ausschnitte stammen aus dem ersten Teil von »Mathias Sandorf«. Die Handlung ist in der Mitte des 19. Jahrhunderts in Triest angesiedelt, das damals eine große chaotische Hafenstadt des mächtigen österreichisch-ungarischen Reichs war. In dieser Handelsstadt lebten Menschen der unterschiedlichsten Völker und Nationen, und nicht alle hatten ein besonders ruhiges Gewissen. Unter ihnen befinden sich auch der verarmte Tripolitaner Sarcany und der Sizilianer Zirone. Das Glück kommt ihnen zu Hilfe! Durch einen Zufall fangen sie eine erschöpfte Brieftaube ein. Sie trägt an den Füßen ein Billett mit der folgenden chiffrierten Botschaft:

| | | |
|---|---|---|
| *ihnalz* | *zaemen* | *ruiopn* |
| *arnuro* | *trvree* | *mtqssl* |
| *odxhnp* | *estlev* | *eeuart* |
| *aeeeil* | *ennios* | *noupvg* |
| *spesdr* | *erssur* | *ouitse* |
| *eedgnc* | *toeedt* | *artuee* |

Sarcany kopiert die Botschaft, füttert die Taube, läßt sie wieder frei und beobachtet, daß sie zu einem Haus im Zentrum Triests fliegt. Es ist ihm dann ein leichtes herauszufinden, daß sich in diesem Haus drei ungarische Revolutionäre zu treffen pflegen, nämlich der Graf Mathias Sandorf, Professor Bathory und Graf Zathmar. Man kann sich leicht ausdenken, daß diese drei Männer gegen Österreich konspirieren. Der schlaue Sarcany hofft, endlich eine Menge Geld zu verdienen. Und diesem Geheimnis ist er auf der Spur:

*Dieser Stich diente als Illustration zur Originalausgabe des Romans »Mathias Sandorf« von Jules Verne: Sarcany legt das Gitter in die Schublade zurück, wo er es gefunden hat.*

*Drei Tage nach Ankunft jener Brieftaube, deren Billett von Sarcany aufgefangen war, am 21. Mai, gegen acht Uhr abends, befanden sich Ladislaus Zathmar und Stephan Bathory im Arbeitskabinett in der Erwartung der Rückkehr von Mathias Sandorf. Seine persönlichen Angelegenheiten hatten ihn jüngst genötigt, nach Siebenbürgen und auf sein Schloß Artenak zurückzukehren: die Reise war ihm aber insofern von Nutzen, als sie ihm ermöglichte, mit seinen Freunden in Klausenburg, der Hauptstadt der Provinz, konferieren zu können, und nun sollte er am besagten Tage von dort wieder eintreffen, nachdem er jenen den Inhalt der Depesche mitgeteilt, von der Sarcany eine Abschrift genommen hatte.*
*Seit der Abreise des Grafen Sandorf waren noch andere Briefe zwischen Triest und Budapest ausgetauscht, auch waren mehrere chiffrierte Billetts durch Tauben überbracht worden. Gerade in diesem Augenblick beschäftigte sich Ladislaus Zathmar damit, eine Geheimschrift mit Hilfe derjenigen Einrichtung in verständliche Worte zu bringen, die unter der Bezeichnung »Gitter« bekannt ist.*
*Diese Depeschen waren in Wahrheit nach einem sehr einfachen System erdacht worden, nach demjenigen der Buchstabenumstellung. In diesem System behält jeder Buchstabe seinen alphabetischen Wert, b bedeutet also auch b, o heißt o und so fort. Aber die Buchstaben werden der Reihe nach umgestellt gemäß den leeren oder besetzten Feldern des Gitters, welches, auf die Depesche gelegt, die Buchstaben nur in der Reihenfolge erscheinen läßt, nach der sie zu lesen sind und die übrigen verdeckt. Diese Gitter sind schon von alters angewendet, doch neuerdings nach dem System des Oberst Fleißner sehr vervollständigt worden; sie gelten bis jetzt noch als das beste und sicherste Verfahren, wenn es sich darum handelt, eine unentzifferbare Geheimschrift zu erhalten.*

Sarcany wendet sich an Silas Toronthal, einen geldgierigen Triestiner Bankier, der zur Zeit gerade in finanziellen Schwierigkeiten steckt. Überlassen wir ihm das Wort:

*»Haben Sie das Billett entziffern können?«*
*»Nein, Silas Toronthal, aber ich werde es übertragen, sobald die richtige Zeit gekommen sein wird.«*
*»Und wie?«*
*»Ich habe mit solchen Dingen, wie mit vielen anderen, ebenfalls zu tun und in meinen Händen schon eine hübsche Anzahl chiffrierter Depeschen gehabt. Aus der eingehenden Prüfung, die ich mit dieser Schrift angestellt, habe ich den Schluß gezogen, daß der Schlüssel hierzu weder auf einer Zahl noch auf einem verabredeten Alphabet beruht, welches jeden dieser Buchstaben eine andere Bedeutung geben würde, als diese in Wirklichkeit ist. In diesem Briefe ist ein s ein s, ein p ein p, aber diese Buchstaben sind in einer Reihenfolge niedergeschrieben, welche nur mit Hilfe eines Gitters zu übertragen ist.«*
*Wir wissen bereits, daß Sarcany sich nicht täuschte. Letztgenanntes System war es, welches in diesem Falle angewendet wurde. Wir wissen auch, daß aus demselben Grunde der Inhalt sich nur noch schwerer aufklären ließ.*
*»Ich will nicht leugnen, daß Sie vielleicht recht haben«, sagte der Bankier, »aber ohne Gitter ist das Billett unlesbar.«*

*»Ersichtlich.«*
*»Und wie werden Sie sich dieses Gitter verschaffen?«*
*»Ich weiß es noch nicht«, antwortete Sarcany, »aber ich werde es mir verschaffen, dessen können Sie gewiß sein.«*
*»Wirklich? An Ihrer Stelle, Sarcany, würde ich mir nicht so große Mühe geben.«*
*»Ich werde mir alle Mühe geben.«*
*»Wozu soll das gut sein? Ich würde mich begnügen, der Polizei von Triest den Verdacht mitzuteilen und ihr das Billett auszuhändigen.«*
*»Ich werde es ihr sagen, Silas Toronthal, aber nicht auf bloße Vermutungen hin«, erwiderte Sarcany frostig. »Ehe ich rede, muß ich tatsächliche Beweise haben und natürlich auch unbestreitbare. Ich denke diese Verschwörung meistern zu können, ja vollständig meistern zu können und Vorteile daraus zu ziehen, von denen ich Ihnen die Hälfte anbiete. Und wer weiß, ob es nicht vorteilhafter sein wird, mit den Verschwörern gemeinsame Sache zu machen, als gegen sie zu zeugen?«*

Sarcany gelingt es, bei den drei Ungarn eine Anstellung zu finden. Endlich ist er eines Tages allein ...

*Zwischen den zwei auf die Straße hinausgehenden Fenstern stand ein Schreibtisch, dessen antike Form einen Liebhaber alter Möbel entzückt haben würde. Die heruntergelassene Klappe gestattete keinen Einblick in die innere Einrichtung.*
*Sarcany bot sich zum ersten Male die Gelegenheit, dieses Möbel zu durchsuchen, und er war ganz der Mann dazu, sie nicht nutzlos verstreichen zu lassen. Um die verschiedenen Schubladen durchsuchen zu können, hatte er nur nötig, die Klappe mit Gewalt aufzumachen. Das geschah mit Hilfe des oben genannten Werkzeuges, ohne daß das Schloß ein Andenken an diese Operation zurückbehielt.*
*In der vierten Schublade, welche Sarcany durchstöberte, fand er unter Papieren, mit denen er nichts beginnen konnte, eine sehr unregelmäßig durchstochene Karte, die sofort seine Aufmerksamkeit erregte.*
*»Das Gitter!« sagte er bei sich.*
*Er irrte nicht.*
*Sein erster Gedanke war, sich desselben zu bemächtigen; nach einigem Nachdenken aber mußte er sich sagen, daß das Verschwinden der Karte den Argwohn des Grafen Zathmar erregen konnte, sobald er es gewahr wurde.*
*»Schön«, sagte er halblaut. »Habe*

*Ein weiterer Stich für die Originalausgabe des Romans »Mathias Sandorf«. Brieftauben sorgten für eine schnelle und sichere Verbindung zwischen dem Heimatland der Verschwörer und Triest ...*

*ich von der Depesche eine Abschrift genommen, so kann ich auch von dem Gitter einen Abdruck nehmen. Toronthal und ich können das Briefchen dann ganz nach unserem Belieben lesen.«*

*Das Gitter bestand aus einem einfachen, sechs Zentimeter langen und in 36 gleiche Vierecke eingeteilten Kartonblättchen, von denen jedes ungefähr einen Zentimeter groß war. Von diesen 36, auf sechs senkrechten und sechs waagerechten Linien, nach der Art einer pythagoräischen Tafel aufgebauten Vierecken – nur mit dem Unterschiede, daß sie dort auf sechs Buchstaben basieren – waren 27 gefüllt und neun leer, das heißt, die Karte war an Stelle dieser neun Vierecke neunmal ausgeschnitten.*

*Was Sarcany besitzen mußte, war erstens: die genaue Größe des Gitters, zweitens: die Stellung der neun leeren Quadrate.*

*Die Größe erhielt er, indem er den Umriß des Kartonblättchens mit Hilfe eines Bleistiftes auf ein Blatt weißes Papier übertrug; er vergaß dabei nicht, die Stelle zu vermerken, wo ein kleines, mit Tinte ausgeführtes Kreuz den oberen Rand des Gitters zu bezeichnen schien.*

*Die Einteilung der Quadrate kopierte er, indem er auf dem Stück Papier, auf welchem er den Umfang abgezeichnet hatte, die leeren Vierecke durch Nadelstiche genau kenntlich machte – auf der ersten Linie die Quadrate 2, 4, 6; auf der zweiten ein einziges an der fünften Stelle; auf der dritten ein gleiches an dritter Stelle: auf der vierten die Quadrate 2 und 5; auf der fünften an sechster und auf der sechsten an vierter Stelle.*

*Folgendes ist in naturgetreuer Wiedergabe das Gitter, von dem Sarcany in Gemeinschaft mit dem Bankier Silas Toronthal bald einen so verderbenbringenden Gebrauch machen sollte. Einige Minuten genügten dem ersteren, um nachstehende Abbildung fertigzustellen:*

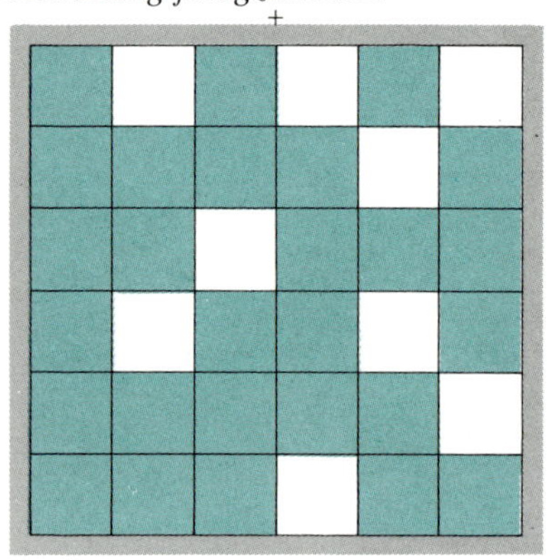

*Im Besitze dieses Schemas verließ er das Zimmer und das Haus Zathmars, um hastig seinem Hotel zuzueilen. Eine Viertelstunde später sah ihn Zirone ihr gemeinsames Zimmer mit einem so ausgesprochenen Ausdrucke des Triumphes in den Zügen betreten, daß er sich nicht enthalten konnte, ihm laut zuzurufen:*

*»Holla, was gibt es, Kamerad? Nimm dich wohl in acht! Du bist geschickter, deine Enttäuschungen als deine Freude zu verbergen, und man verrät sich leicht, wenn man sich so gehenläßt.«*

*»Still mit den Bemerkungen, Zirone«, sagte Sarcany, »und ans Werk, ohne einen Augenblick zu verlieren!«*

*»Vor dem Abendessen?«*

*»Ja, vor!«*

*Mit diesen Worten nahm Sarcany ein Stück dünnes Kartonpapier zur Hand. Er schnitt es nach der mitge-*

*brachten Vorlage zurecht, um ein Rechteck zu erhalten, welches genau der Größe des Gitters entsprach, ohne das Kreuz am oberen Rande außer acht zu lassen. Dann ergriff er ein Lineal und teilte mit dessen Hilfe das Quadrat in 36 gleiche Abschnitte. Von diesen 36 Vierecken wurden neun, die sich an demselben Platze wie die entsprechenden auf der Vorlage befanden, besonders gekennzeichnet; sie wurden mit einer Messerspitze ausgeschnitten, so daß sie ganz wegfielen und durch ihren leeren Raum die Worte, Buchstaben oder Zeichen desjenigen Schriftstükkes hervortreten lassen mußten, auf welches das Gitter gelegt wurde.*

*Zirone saß Sarcany gegenüber.*

*»Das da ist genial, äußerst genial«, meinte er, »und das wird uns helfen. Wenn ich bedenke, daß jedes dieser leeren Fächer unter Umständen eine Million wert ist ...«*

*»Und mehr noch.«*

*Sarcany erhob sich, denn die Arbeit war fertig, und steckte den zurechtgeschnittenen Karton in seine Brieftasche.*

*»Morgen so früh als möglich bin ich bei Toronthal.«*

*Am nächsten Tage, dem 1. Mai, stellte sich Sarcany schon um acht Uhr früh in dem Bankhause ein, und Silas Toronthal gab auch sofort Befehl, ihn vorzulassen.*

*»Hier ist der Schlüssel«, begnügte sich Sarcany zu sagen und zog das Stückchen Karton hervor, welches er am Abend vorher zurechtgeschnitten hatte. Der Bankier nahm es, drehte es herum und abermals herum und schüttelte mit dem Kopfe, als könnte er das Vertrauen seines Verbündeten nicht teilen.*

*»Immerhin können wir den Versuch wagen«, sagte Sarcany.*

*»Wagen wir ihn.«*

*Silas Toronthal holte die Abschrift des Billetts aus einem der Fächer seines Schreibtisches hervor und legte sie auf den Tisch.*

*Man wird sich erinnern, daß das Billett aus 18 unverständlichen Worten bestand, die je sechs Buchstaben enthielten. Es lag klar auf der Hand, daß jeder Buchstabe aus diesen Worten den sechs Vierecken entsprechen mußte, die, gleichviel ob gefüllt oder leer je eine Zeile des Gitters bildeten. Man konnte also von vornherein als feststehend annehmen, daß die ersten sechs Worte des Briefes, mit dem ersten beginnend und aus 36 Buchstaben bestehend, zuerst nacheinander mit Hilfe des Schlüssels entziffert werden mußten.*

*In der Tat war – und dies war leicht zu konstatieren – die Stellung der leeren Quadrate in der Gruppierung dieses Gitters so genial erdacht, daß erst nach viermaliger Vierteldrehung der Karte die leeren Vierecke allmählich die Stellung der gefüllten einnahmen, ohne jemals an einem Orte doppelt zu erscheinen.*

*Man wird gleich sehen, wie sich das verhält. Wenn man zum Beispiel bei dem ersten Auflegen des Gitters auf ein unbeschriebenes Blatt Papier in die leeren Quadrate die Ziffern 1 bis 9 schreibt, dann nach einer Vierteldrehung die Zahlen 10 bis 18, nach einer abermaligen Viertelwendung 19 bis 27 und schließlich nach der letzten 28 bis 36, so wird man zuletzt auf dem Papier die Zahlen 1 bis 36 an Stelle der 36 Quadrate finden, welche die Ableitungen des Gitters bilden.*

*Sarcany sah sich natürlich veranlaßt, die vier aufeinanderfolgenden Drehungen des Schlüssels zunächst auf die ersten sechs Worte des Billetts anzuwenden. Er beabsichtigte, alsdann dieselbe Operation an den nächsten sechs Worten zu wieder-*

*holen und dann zum dritten Male an den letzten sechs Worten, sie mithin an sämtlichen 18 Worten, aus denen die Geheimschrift bestand, vorzunehmen.*
*Hier noch einmal die in jenem Blatt enthaltenen 18 Worte:*

| | | |
|---|---|---|
| ihnalz | zaemen | ruiopn |
| arnuro | trvree | mtqssl |
| odxhnp | estlev | eeuart |
| aeeeil | ennios | noupvg |
| spesdr | erssur | ouitse |
| eedgnc | toeedt | artuee |

*Es handelte sich zuvörderst um die Entzifferung der ersten sechs Worte. Zu diesem Zwecke schrieb Sarcany sie auf ein reines Blatt Papier, wobei er darauf achtete, die Buchstaben und Zeilen voneinander zu trennen, so daß auf jedes Quadrat des Gitters je ein Buchstabe kam:*

| | | | | | |
|---|---|---|---|---|---|
| i | h | n | a | l | z |
| a | r | n | u | r | o |
| o | d | x | h | n | p |
| a | e | e | e | i | l |
| s | p | e | s | d | r |
| e | e | d | g | n | c |

*Dann wurde das Gitter so aufgelegt, daß der mit einem Kreuze versehene Rand sich oben befand. Die neun leeren Kästchen ließen nunmehr nur noch die folgenden neun Buchstaben durchblicken, während die übrigen 27 unter den vollen Feldern des Kärtchens verborgen waren:*

| | | | | | |
|---|---|---|---|---|---|
| | h | | a | | z |
| | | | | r | |
| | | x | | | |
| | e | | | i | |
| | | | | | r |
| | | | g | | |

*Sarcany drehte alsdann das Gitter ein viertel Mal von links nach rechts herum, so daß jetzt die frühere obere Linie die rechte Seitenlinie wurde. Bei dieser zweiten Lage kamen folgende Buchstaben zum Vorschein:*

| | | | | | |
|---|---|---|---|---|---|
| | | | | | |
| | | n | | | o |
| | | | h | | |
| a | | | | | l |
| | | e | | d | |
| | e | | | | c |

*Bei der dritten Stellung waren folgende Buchstaben sichtbar, welche, wie die übrigen, ebenfalls sorgfältig aufgeschrieben wurden:*

| | | | | | |
|---|---|---|---|---|---|
| | | n | | | |
| a | | | | | |
| | d | | | n | |
| | | | e | | |
| | p | | | | |
| e | | d | | n | |

*Was Silas Toronthal und Sarcany nicht aus dem Erstaunen herauskommen ließ, war der Umstand, daß die Worte keinen Sinn geben wollten. Sie hatten erwartet, sie flüssig lesen zu können, da sie durch die Umdrehungen des Gitters gewonnen werden mußten.*
*Die vierte Umdrehung des Gitters gab folgendes Resultat:*

| | | | | | |
|---|---|---|---|---|---|
| i | | | | l | |
| | r | | u | | |
| o | | | | | p |
| | | e | | | |
| s | | | s | | |
| | | | | | |

*Kein Schimmer von Verständnis, dieselbe Dunkelheit!*
*Die durch die vier aufeinander folgenden Umdrehungen sich ergebenden Worte lauteten:*

hazrxeirg

nohaledec

nadnepedn

ilruopess

*was absolut nichts bedeutete.*
*Sarcany konnte den Zorn nicht meistern, den ihm diese Enttäuschung verursachte. Der Bankier nickte nur mit dem Kopfe und sagte nicht ohne Ironie:*
*»Dieses Schema scheint wirklich nicht dasjenige zu sein, welches die Verschwörer für ihren Briefwechsel anzuwenden pflegten.«*
*Diese Bemerkung brachte Sarcany in Bewegung. »Fahren wir fort!« rief er. »Fahren wir fort!« echote der Bankier.*
*Nachdem Sarcany das nervöse Zittern überwunden hatte, welches ihn bewegte, wandte er seine Theorie auf die zweite Wortreihe des Billetts an. Viermal legte er das Gitter auf diese Worte unter viermaliger Vierteldrehung. Er erhielt abermals eine Vereinigung von Buchstaben, die jedes Sinnes bar waren:*

amnetnore

velessuot

etseirted

zerrevnes

*Diesmal warf Sarcany das Täfelchen auf den Tisch und fluchte wie ein Matrose. Silas Toronthal hatte – ein merkwürdiger Kontrast – seine Kaltblütigkeit bewahrt. Er studierte die Worte, die vom Beginne des Versuches an gewonnen waren, und blieb nachdenkend.*

*Der französische Romancier Jules Verne (1828–1905). Er liebte die Kryptographie sehr und bediente sich ihrer auch in dreien seiner Romane, nämlich in »Reise nach dem Mittelpunkt der Erde«, »Mathias Sandorf« und »La Jangada«.*

*»Zum Teufel mit den Gittern und mit denen, die sich ihrer bedienen!« tobte Sarcany aufspringend.*
*»Setzen Sie sich doch wieder!« sagte Silas Toronthal.*
*»Mich wieder setzen?« – »Und fahren Sie fort!«*
*Sarcany sah Toronthal an. Dann setzte er sich wieder, ergriff von neuem den Schlüssel und legte ihn auf die letzten sechs Worte des Billetts, mechanisch, fast ohne zu wissen, was er tat. Das Ergebnis waren folgende Worte:*

uonsuoveu

qlangisre

imerpuate

rptsetuot

*Sie ließen ebensowenig wie die anderen irgendwelche Erklärung zu.*
*Sarcany hatte das Blatt Papier aufgenommen und schickte sich an, es zu zerreißen. Silas Toronthal hielt ihn zurück.*
*»Ruhe!« mahnte er.*
*»Pah!« rief Sarcany. »Was sollen wir noch mit diesem unentzifferbaren Worträtsel beginnen?«*
*»Schreiben Sie alle Worte hintereinander auf!« antwortete der Bankier gelassen.*
*»Und wozu?«*
*»Wir wollen einmal sehen.«*
*Sarcany gehorchte; folgendes war der Wortlaut der aneinandergereihten Worte:*

hazrxeirgnohaledecnadnepednilruopessamnetnorevelessuo

tetseirtedzerrevnesuonsuoveuqlangisreimerpuaterptsetuot

*Kaum waren die Worte hingeschrieben, als auch schon Silas Toronthal den Händen Sarcanys das Papier entriß; er las es und stieß einen Laut der Überraschung aus. Jetzt war er es, den die Ruhe verlassen hatte. Sarcany war nahe daran, sich zu fragen, ob der Bankier vielleicht plötzlich toll geworden?*
*»Aber so lesen Sie doch!« rief Silas Toronthal und reichte Sarcany das Papier, »so lesen Sie doch!«*
*»Lesen ...?«*
*»Sehen Sie denn nicht, daß die Korrespondenten des Grafen, noch ehe Sie die Worte mit Hilfe des Gitters bildeten, den Satz, den sie schreiben wollten, zuvor in das Französische übertrugen und von rückwärts lesbar machten?«*
*Sarcany nahm das Papier und las:*
»Tout est prêt. Au premier signal que vous nous enverrez de Trieste, tous se leveront en masse pour l'indépendance de la Hongrie. Xrzah.« (Alles ist bereit. Beim ersten Zeichen, welches Sie uns von Triest aus senden werden, werden sich alle in Masse für die Unabhängigkeit Ungarns erheben. Xrzah.)

*»Und diese fünf letzten Buchstaben?«*
*»Eine verabredete Chiffre«, antwortete Silas Toronthal.*
*»Endlich haben wir sie.«*
*»Aber die Polizei hat sie noch nicht.«*
*»Dafür werde ich schon sorgen.«*
*»Sie werden mit der größten Verschwiegenheit zu Werke gehen?«*
*»Selbstverständlich. Der Gouverneur von Triest wird der einzige sein, der die Namen der beiden ehrbaren Vaterlandsfreunde kennt, die eine Verschwörung gegen die österreichische Regierung schon im Keime erstickt haben.«*

**Kommentar**
Diese Geschichte von Jules Verne kann uns einiges lehren. Beginnen wir erst einmal mit den Irrtümern. Dem Oberst Fleißner wird ganz zu Unrecht die Erfindung solcher Gitter zugeschrieben. Das Verfahren ist viel älter. Immerhin stimmt es, daß Eduard von Fleißner von Wostrowitz (1825–1888) ein vorzüglicher Kryptograph war. Er studiere in besonderem Maße die Gitterchiffren und erfand die sogenannte »Patronenschrift«. Raffinierte Chiffren mit »unbestimmten Gittern« führte der Italiener Luigi Sacco im Ersten Weltkrieg ein.
Das Interesse von Fleißner und Sacco spricht für die Transpositionschiffren. Doch Vernes Behauptung, sie seien auf statistischer Grundlage nicht zu entziffern, ist leider übertrieben. Natürlich kommt man mit den Häufigkeiten der einzelnen Buchstaben nicht weiter. Doch gilt dies nicht für die Häufigkeiten der Buchstabenkombinationen, für die Zweiergruppen, die Dreiergruppen usw. Transpositionschiffren kann man mit Hilfe folgender Überlegungen nicht allzu schwer knacken: Der Buchstabe Q und der Buchstabe U kommen fast immer zusammen vor, mindestens bei den bekannteren europäischen Sprachen. Auf ein Q folgt also fast stets ein U; Ausnahmen machen nur der heute sattsam bekannte Iraq und etwa die australische Fluggesellschaft Qantas. Im Englischen folgt auf ein T sehr oft ein H, vor allem wegen des Artikels »the« und der Demonstrativpronomina »this« und »that«. Mit anderen Worten: Die Frequenz der Zweiergruppen qu und th (diesmal in der englischen Sprache) sind sehr viel größer, als man aufgrund der Häufigkeiten der einzelnen Bestandteile Q, U, T und H annehmen könnte. Solche Hinweise sind für den Kryptanalytiker sehr hilfreich, weil er das Q mit dem U und das T mit dem H in Verbindung zu bringen versucht. Umgekehrt sind Paarungen wie AE und EA in den meisten Sprachen eher selten, sofern man unser Ä nicht als AE schreibt und wenn man die hohen Frequenzen dieser beiden Vokale für sich genommen betrachtet. Von den Zweiergruppen kann man sodann auf Dreiergruppen übergehen usw. Doch Achtung: Eine Vierergruppe TRST erscheint selbst im Deutschen als unmöglich, doch hängt eine solche Aussage sehr von der verwendeten Sprache ab. In der slowenischen und serbokroatischen Sprache bedeutet »Trst« zum Beispiel die Stadt Triest. In slawischen Sprachen sind lange Konsonantenkombinationen häufiger, weil das R auch als eine Art Vokal gilt.
In Wirklichkeit bediente sich Sarcany gar nicht einer statistischen Analyse der Zweier- oder Dreiergruppen von Buchstaben, um das Kryptogramm zu entziffern. Er wählte einen viel simpleren Weg: Mit dem richtigen »Werkzeug«, dem Gitter, fällt ihm die Aufgabe leicht. Auf dessen wichtigen Punkt werden wir im nächsten Kapitel noch einmal zurückkommen.
Wir müssen hier darauf hinweisen, daß die Chiffre der Ungarn nicht eine einfache Gitterchiffre darstellt. Es wurde nämlich eine zweite Chiffre darübergelegt. Sie besteht darin, daß man das »Teilkryptogramm«, das man mit Hilfe dieses Gitters erhält, von hinten nach vorne schreibt. Wir haben es hier also mit einer zusammengesetzten Chiffre zu tun, die aus zwei Teilchiffren besteht. Beide sind Transpositionen. Die erste erhält man durch ein Gitter, die zweite ist deutlich simpler.

**Chiffren mit spaltenweiser Transposition**

Wir möchten vermeiden, daß der Leser glaubt, unter den Transpositionschiffren gäbe es nur die Gitterschlüssel. Die Chiffren, die wir hier beschreiben, hätten Sarcany sehr viel mehr Kopfzerbrechen bereitet. Wir legen eine Zahl fest, zum Beispiel 6, ferner eine Permutation der Ziffern von 1 bis 6, zum Beispiel 413625. Den Klartext schreiben wir in Blöcken zu je sechs Buchstaben übereinander. Zur Verschlüsselung schreiben wir waagrecht hintereinander die Spalten nieder, wie sie von der betreffenden Permutation angegeben werden, zuerst also die Spalte 4, dann die Spalte 1, dann die Spalte 3, dann die 6, die 2 und schließlich die Spalte 5. Hier ist das Ergebnis. Der Leser möge die Regeln für die legitime Entzifferung formulieren.

SARCANY ET TORONTHAL SONT DES TRAITRES

(= »Sarcany und Toronthal sind Verräter«)

| 1 | 2 | 3 | 4 | 5 | 6 |
|---|---|---|---|---|---|
| S | A | R | C | A | N |
| Y | E | T | T | O | R |
| O | N | T | H | A | L |
| S | O | N | T | D | E |
| S | T | R | A | I | T |
| R | E | S | X | X | X |

Das Kryptogramm sieht so aus:

CTHTAXSYOSSRRTTNRSNRLETXAENOTEAOADIX

Den numerischen Schlüssel kann man durch ein Schlüsselwort ersetzen, das sich leicht im Kopf behalten läßt. Im deutschen Wort Kaiser ist das A (A = 1) der erste Buchstabe in der normalen alphabetischen Abfolge. Dann kommt das E (E = 2), das I (I = 3), das K (K = 4), das R (R = 5) und schließlich das S (S = 6). Aus dem Wort Kaiser ergibt sich 413625, und das ist unsere Schlüsselzahl.

Das Beispiel mit den beiden Verrätern weist eine Besonderheit auf: Der Klartext wurde auf sechs Zeilen und sechs Spalten niedergeschrieben. Das Rechteck ist also ein Quadrat! Wenn man die spaltenweise Transposition verwendet, führt diese Symmetrieeigenschaft zu nichts Besonderem. Sie bringt uns allerdings auf eine Idee: Warum versetzen wir neben den Spalten nicht auch die Zeilen? Genau dies tut ein aus zwei Teilen bestehendes Verfahren, das den beunruhigenden Namen »nihilistische Geheimschriftmethode« führt. Bevor man die Spalten verschlüsselt, werden die Zeilen des Klartextes durcheinandergemischt: Oben schreibt man die vierte Zeile (K = 4), dann die erste (A = 1) . . ., schließlich ganz unten die fünfte Zeile hin (R = 5). Nun versetzt man auch die Spalten untereinander. Ein ähnliches Geheimschriftverfahren erhält man mit zwei Schlüsselwörtern, dem einen für die Zeilen, dem anderen für die Spalten. In diesem Fall ist man nicht mehr an ein Quadrat gebunden. Man könnte die Botschaft auch in ein Rechteck mit sieben Zeilen und fünf Spalten schreiben (unter Hinzufügung von zwei Nullen) und als Schlüsselwörter PELICAN = 7354216 und HIBOU = 23145 (»Eule«) verwenden.

## *Übungen*

1. Hier ein neues Gitter:

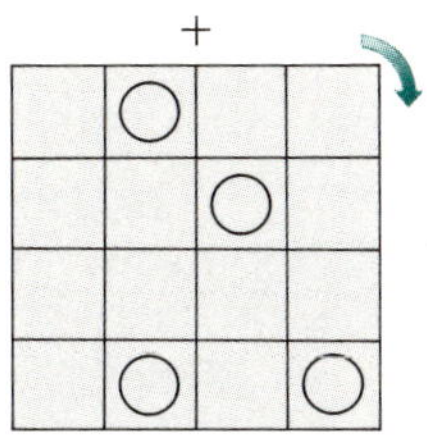

Verschlüsseln Sie die folgende Botschaft: LE JOUR DE GLOIRE EST ARRIVE und schreiben Sie die Buchstaben auf, die an den freien Stellen des Gitters nach und nach auftauchen – allerdings ohne jenen kleinen Trick, die Botschaft von hinten her aufzuschreiben. Lassen Sie dabei Zwischenräume zwischen den Buchstaben frei!

2. Welche Beziehung besteht zwischen dem eben verwendeten Gitter und den folgenden Zahlen: 2, 7, 14, 16; 5, 8, 11, 13; 1, 3, 10, 15; 4, 6, 9, 12?

3. So kann ein Gitter mit viermal vier Stellen konstruiert werden! Können Sie dem Verfahren folgen? Wenden Sie es an, um ein neues Gitter mit denselben Dimensionen aufzubauen.

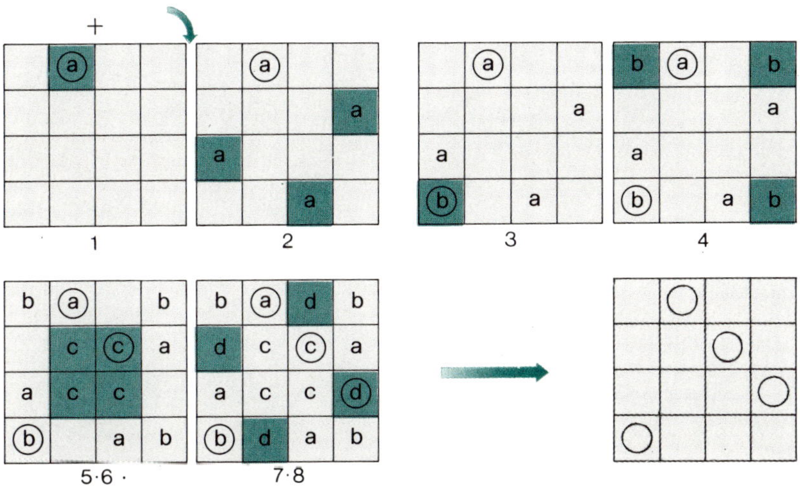


4. Gelingt Ihnen die Konstruktion eines Gitters mit dreimal drei oder fünfmal fünf Stellen?

*(Lösungen auf Seite 126)*

# 8 Das Prinzip von Auguste Kerckhoffs

Über eine Aussage im Roman »Mathias Sandorf« lohnt es sich nachzudenken. Jules Verne meint dort, die Gitterchiffren hätten einen großen Nachteil: Wenn das Gitter in feindliche Hände fiele, ließe sich das Chiffriersystem mit Leichtigkeit knacken. Es gibt also bestimmte Chiffrierverfahren, deren Sicherheit bei einem Verlust der entsprechenden Hilfsmittel endgültig verlorengeht. Dieser unerfreuliche Umstand bildet den Ausgangspunkt für eines der wichtigsten Kriterien der modernen strategischen Kryptographie.

**Taktische und strategische Kryptographie**

Es ist das Ziel der strategischen Kryptographie, die Vertraulichkeit der verschlüsselten Botschaft für alle Zeiten zu gewährleisten. Die taktische Kryptographie ist weniger ehrgeizig und kostet auch weniger, denn sie begnügt sich mit einer Dauer der Vertraulichkeit, die zwischen einigen Stunden und Tagen liegt. Bei der strategischen Kryptographie muß man massiv vorgehen und äußerste Vorsicht walten lassen, während man bei der taktischen Kryptographie alles etwas leichter nehmen kann. Das Prinzip, dem dieses Kapitel gewidmet ist, trägt den Namen eines berühmten Kryptologen des vergangenen Jahrhunderts. Er wurde in den Niederlanden geboren, studierte in Deutschland und lebte schließlich in Frankreich. Er wird uns in den nächsten Abschnitten begleiten.

Zunächst müssen wir jedoch zum Konzept des Schlüssels zurückkehren. Wir haben es noch nicht so weit vertieft, wie wir eigentlich hätten tun müssen. Nehmen wir einmal an, wir verwendeten eine Chiffrierscheibe. Diese Tatsache ist natürlich dem Sender wie dem legitimen Empfänger der Geheimbotschaft bekannt. Die Wahl des Chiffriertyps reicht dabei aber nicht aus. Man muß sich vorher noch auf eine der 25 möglichen Substitutionen einigen. Diese zweite Entscheidung hat weniger weitreichende Folgen, denn man kann sie verändern, ohne das ganze System umzustellen und ohne die dabei verwendeten Hilfsmittel ersetzen zu müssen (in unserem Fall handelt es sich allerdings nur um die wenig aufwendigen Scheiben von Alberti).

Um ein aufgefangenes Kryptogramm richtig entziffern zu können, muß ein Spion erstens das verwendete Chiffriersystem herausfinden und zweitens die betreffende Substitution erkennen. Man könnte

*Tafel mit Keilschriftzeichen aus Nimrud. Diese Stadt war zusammen mit Ninive eine der Hauptstädte des großen assyrischen Reiches. Die Keilschrift war in der Antike eine der am weitesten verbreiteten Schriften.*

nun glauben – und auch wir haben das Wort in diesem Sinn verwendet –, daß der Begriff des Schlüssels die Information 1 und die Information 2 umfaßt. Nun wollen wir es genau nehmen: Nur die Information vom zweiten Typ verdient die Bezeichnung »Schlüssel«. Das mag auf den ersten Blick nur eine reine Namensfrage sein, doch ist dem nicht so, wie uns Kerckhoffs in diesem Kapitel zeigen wird.

Auguste Kerckhoffs von Nieuwenhof (1835–1903) ist der Autor eines bedeutenden Werks mit dem Titel »La cryptographie militaire«. Es wurde 1883 veröffentlicht. Kerckhoffs schrieb auch ein Buch über Volapük, eine künstliche Sprache ähnlich wie das Esperanto, die allerdings völlig in Vergessenheit geraten ist, obwohl sie logischer aufgebaut ist als dieses. Das Werk von Kerckhoffs ist ein Meilenstein in der Kryptographie des Telegraphenzeitalters. Kerckhoffs zeigt deutlich die Unterschiede zwischen den taktischen und den strategischen Systemen, denn er sagt, man müsse sorgfältig unterscheiden zwischen dem zeitweiligen Schutz von Briefinhalten, die zwischen einzelnen Personen gewechselt werden, und einer kryptographischen Methode, welche die Korrespondenz zwischen Heeresführern für ewige Zeiten geheimhält.

Heute hat die Kryptographie den Telegraphen verlassen und hat vom Computer Besitz ergriffen. Die strategische Kryptographie hat damit auch ihr enges militärisches Umfeld aufgegeben und spielt nun in den Rechenzentren eine große Rolle, wo geschützte oder gar geheime Daten gespeichert werden. Kerckhoffs meinte, ein strategisches System müsse folgende grundlegende Eigenschaften besitzen: Die Sicherheit eines strategischen Systems hängt ganz oder zu einem wesentlichen Teil von der Vertraulichkeit des Schlüssels ab. Damit gehen auch heute alle Kryptographen einig. Wenn der Feind entdeckt, welches Chiffriersystem verwendet wurde (zum Beispiel ein raffiniertes polyalphabetisches System), den Schlüssel für die eigentliche Dechiffrierung aber nicht kennt, so bleibt doch die Vertraulichkeit der Botschaft gewahrt. Dieses Prinzip wird oft das Prinzip von Kerckhoffs genannt, auch wenn er noch weitere kluge Prinzipien geäußert hat. Zur Formulierung des Prinzips gelangte er über eine Reihe von Begebenheiten in der langen Geschichte der Kryptographie, bei denen die für die Chiffrierung nötigen Arbeitsmittel in die Hände des Feindes gelangt waren. Wenn man über die Apparatur zur Chiffrierung verfügt, kann man ziemlich leicht den Geheimcode entziffern.

Aus dem Prinzip von Kerckhoffs läßt sich eine wichtige Folgerung ziehen: Um die Effizienz eines strategischen Chiffriersystems bewerten zu können, muß man von der pessimistischen Hypothese ausgehen, daß der Feind bereits weiß, welches Chiffriersystem verwendet wurde. (Wenn er es nicht weiß, ist es allerdings um so besser.) Diese Aussage mag dem Leser übertrieben streng vorkommen. Dessen Gültigkeit wird aber heute von allen Spezialisten bestätigt. Das geht so weit, daß man bisweilen in der Computer-Kryptographie das Chiffriersystem bekanntgibt und öffentlich erklärt, um mögliche Käufer von dessen Effizienz zu überzeugen. Das erste Chiffriersystem, das in Wirklichkeit bis in die kleinsten Details öffentlich beschrieben wurde, so daß die Sicherheit nur auf der Vertraulichkeit des Schlüssels beruht, ist die Blockchiffrierung oder Data Encryption Standard, abgekürzt DES. Sie wurde 1977 eingeführt, und wir werden noch einmal auf sie zurückkommen. Bis zu jenem Zeitpunkt hatten auch jene, die fest an das Prinzip von Kerckhoffs glaubten, es vorgezogen, ihr Chiffriersystem geheimzuhalten, getreu der Maxime »Melius est abundare quam deficere«, »Lieber zuviel als zuwenig«.

**Die sechs Gebote des guten Kryptographen**

Wir haben hier die weisen Prinzipien von Kerckhoffs in die Form von sechs Geboten gekleidet.
*Erstes Prinzip:* Das Chiffriersystem darf nicht geknackt werden können, weder in der Theorie, geschweige denn in der Praxis.
*Zweites Prinzip:* Wenn das Chiffriersystem geknackt ist, dürfen die Korrespondenten, also Sender und Empfänger, dadurch keinen Schaden erleiden.
*Drittes Prinzip:* Der Schlüssel muß leicht auswendig zu lernen und leicht zu ersetzen sein.
*Viertes Prinzip:* Die Kryptogramme müssen mit dem Telegraphen übermittelt werden können.
*Fünftes Prinzip:* Der Chiffrierapparat und alle Dokumente müssen leicht zu transportieren sein. Die Chiffrierung sollte eine einzige Person durchführen können.
*Sechstes Prinzip:* Das System muß einfach sein; es darf nicht aus langen Listen von Regeln bestehen und darf keine übermäßigen geistigen Anstrengungen verlangen.
Das zweite Prinzip entspricht mit anderen Worten dem hier bereits besprochenen Prinzip von Kerckhoffs. Das vierte Prinzip sollte man heute etwas erweitern, denn an die Stelle des Telegraphen sind heute die Computer getreten.

In seinem Werk »La cryptographie militaire« behauptet Kerckhoffs, nur Spezialisten könnten die Eignung eines Geheimcodes beurteilen. Zu oft war es vorgekommen, daß berühmte Männer, die aber von Kryptographie keine Ahnung hatten, selbst zu Kriegszeiten den Gebrauch von Chiffriersystemen befohlen hatten, von deren Schwäche die Experten bereits wußten. Dilettanten neigen zur Ansicht, eine große Zahl von Schlüsseln garantiere bereits die Sicherheit. Dem Leser wird ein solcher Fehler nicht mehr unterlaufen: Wir haben bereits gesehen, daß die monoalphabetischen Chiffriersysteme trotz der hohen Zahl von $26! = 26 \times 25 \times 24 \ldots \times 4 \times 3 \times 2$ Schlüsseln sehr leicht zu knacken sind. Sind nur wenige Schlüssel vorhanden, so ist das System mit Sicherheit nach dem Kerckhoffschen Prinzip unzuverlässig. Viele Schlüssel könnten sich als Anzeichen für ein vorzügliches System, aber auch als gefährliches doppelschneidiges Schwert entpuppen. Die letzte Entscheidung muß der Kryptologe treffen, doch auch er kann sich täuschen! Ein berühmter französischer Kryptologe und Zeitgenosse von Kerckhoffs, Etienne Bazéries (1846–1931), pflegte von sich selbst zu sagen: »Je suis indéchiffrable« (»Ich bin nicht zu entziffern«). Bazéries dechiffrierte unzählige Kryptogramme, darunter auch solche von Anarchisten, und kritisierte viele Chiffriersysteme seiner Kollegen. Darunter befand sich auch das System eines weiteren französischen Kryptologen, Gaetan de Viaris (1847–1902). Dieser rächte sich, indem er ein Chiffriersystem knackte, in das Bazéries blindes Vertrauen hatte. Offensichtlich war auch Viaris ein ziemlich guter Kryptologe! Überdies war das Chiffriersystem

| | |
|---|---|
| a | · – |
| ă | · – · – |
| å | · – – · – |
| b | – · · · |
| c | – · – · |
| ch | – – – – |
| d | – · · |
| e | · |
| é | · · – · · |
| f | · · – · |
| g | – – · |
| h | · · · · |
| i | · · |
| j | · – – – |
| k | – · – |
| l | · – · · |
| m | – – |
| n | – · |
| ñ | – – · – – |
| o | – – – |
| ŏ | – – – · |
| p | · – – · |
| q | – – · – |
| r | · – · |
| s | · · · |
| t | – |
| u | · · – |
| ü | · · – – |
| v | · · · – |
| w | · – – |
| x | – · · – |
| y | – · – – |
| z | – – · · |
| 0 | – – – – – |
| 1 | · – – – – |
| 2 | · · – – – |
| 3 | · · · – – |
| 4 | · · · · – |
| 5 | · · · · · |
| 6 | – · · · · |
| 7 | – – · · · |
| 8 | – – – · · |
| 9 | – – – – · |
| . | · – · – · – |
| , | – – · · – – |
| : | – – – · · · |
| – | – · · · · – |
| ' | · – – – – · |
| ( | – · – – · – |
| ? | · · – – · · |
| " | · – · · – · |

von Bazéries bereits und ohne dessen Wissen von einer anderen berühmten Persönlichkeit erfunden worden. Wir werden später darauf zurückkommen, im Kapitel über die menschliche Kryptographie.

## Codes

Wir haben bisher in diesem Buch mehrere Chiffriersysteme mit einem festen und damit einzigen Schlüssel kennengelernt; in der strategischen Kryptographie spielen sie deswegen keine Rolle. Denken wir beispielsweise an den Cäsar-Schlüssel, an die spartanische Skytale, die biblische Atbasch, an das Gitter des Grafen Sandorf und das Chiffriersystem des Trithemius. Die Systeme mit feststehenden Schlüsseln haben in der Fachsprache der Kryptologen einen sehr unangenehmen Namen. Sie bezeichnen sie nämlich als degenerierte Chiffren. Wir haben uns für die Bezeichnung ›Code‹ entschieden. Codes sind also Chiffriersysteme mit feststehendem Schlüssel. In Wirklichkeit werden Codes auch bei weniger vertraulichen Angelegenheiten verwendet: Eines der bekanntesten Beispiele ist der telegraphische Code, das »Morse-Alphabet«, das Samuel Morse 1838 vorgeschlagen hatte. Dabei werden die Buchstaben und Zeichen durch drei Symbole verschlüsselt: den Punkt, den Strich und den Zwischenraum.

Ein keineswegs geheimer aber aktueller Code heißt ASCII (American Standard Code of Information Interchange = Amerikanischer Normcode für den Datenaustausch). Man verwendet ihn bei der Kommunikation mit modernen Elektronenrechnern. Man transkribiert die Botschaft mit Hilfe eines binären Alphabets, das nur aus den beiden Ziffern 0 und 1 besteht.

| | | | | | |
|---|---|---|---|---|---|
| A | 01000001 | a | 01100001 | 0 | 00110000 |
| B | 01000010 | b | 01100010 | 1 | 00110001 |
| C | 01000011 | c | 01100011 | 2 | 00110010 |
| D | 01000100 | d | 01100100 | 3 | 00110011 |
| E | 01000101 | e | 01100101 | 4 | 00110100 |
| F | 01000110 | f | 01100110 | 5 | 00110101 |
| G | 01000111 | g | 01100111 | 6 | 00110110 |
| H | 01001000 | h | 01101000 | 7 | 00110111 |
| I | 01001001 | i | 01101001 | 8 | 00111000 |
| J | 01001010 | j | 01101010 | 9 | 00111001 |
| K | 01001011 | k | 01101011 | | |
| L | 01001100 | l | 01101100 | | |
| M | 01001101 | m | 01101101 | | |
| N | 01001110 | n | 01101110 | . | 00101110 |
| O | 01001111 | o | 01101111 | , | 00101100 |
| P | 01010000 | p | 01110000 | : | 00111010 |
| Q | 01010001 | q | 01110001 | ; | 00111011 |
| R | 01010010 | r | 01110010 | ! | 00100001 |
| S | 01010011 | s | 01110011 | ? | 00111111 |
| T | 01010100 | t | 01110100 | + | 00101011 |
| U | 01010101 | u | 01110101 | - | 00101101 |
| V | 01010110 | v | 01110110 | = | 00111101 |
| W | 01010111 | w | 01110111 | ( | 00101000 |
| X | 01011000 | x | 01111000 | ) | 00101001 |
| Y | 01011001 | y | 01111001 | " | 00100010 |
| Z | 01011010 | z | 01111010 | / | 00101111 |

Die Botschaft HALT wird in Morseschrift zum Beispiel

| |
|---|
| ....,.—,.—..,—, |

wobei wir die Zwischenräume durch Kommata gekennzeichnet haben. In ASCII lautet sie

01001000010000010100110001010100

Im Normcode ASCII sieht dieses Beispiel wahrhaft nicht attraktiv aus! Wir legen noch einmal Wert auf die Feststellung, daß das Morsealphabet und der amerikanische Normcode ASCII keine kryptographischen Chiffriersysteme darstellen. Es sind lediglich Transkriptionssysteme, die alle Spezialisten kennen. Mit ihrer Hilfe überträgt man nur das normale Alphabet in ein anderes, mit dem die Maschine besser umgehen kann.

Aus dem bisher Gesagten mag der Leser den Schluß ziehen, daß in der Kryptographie kein Platz ist für degenerierte Chiffren. Das stimmt aber überhaupt nicht: Die taktische Kryptographie, auch die modernster Prägung, verwendet oft degenerierte Chiffren oder Chiffren mit ganz wenigen Schlüsseln. Ein typisches Beispiel bietet uns die Kryptophonie (= Kryptographie + Telephonie), deren Aufgabe es ist, die Vertraulichkeit von Telefongesprächen zu wahren. In diesem Fall greift man zum Beispiel auf einen Zerwürfler oder Scrambler zurück. Er verändert die Ausgangssignale so, daß sie sich wie ein konfuses Krächzen anhören. Ein Entwürfler am anderen Ende der Leitung sorgt dafür, daß dies wieder zu einer normalen Sprache zusammengesetzt wird. Wer eine solche Leitung anzapft, hört nur ein Krächzen und Pfeifen und kann nichts damit an-

*Selbstbildnis von Samuel Morse (1791–1872). Unten ist ein Modell des Telegraphen abgebildet, mit dem Morse im Mai 1844 die erste Botschaft in seiner Schrift von Washington nach Baltimore sandte. Auf der gegenüberliegenden Seite links das Morsealphabet. Auf jedes Buchstabenzeichen folgt eine Pause. Das Morsealphabet besteht also aus drei Zeichen: zu Punkt und Strich tritt noch der Zwischenraum.*

*Der Stein von Rosette wird im Britischen Museum in London aufbewahrt. Entdeckt hatten ihn französische Soldaten im Jahr 1799. Er ermöglichte die Entzifferung der altägyptischen Hieroglyphen. Der Stein geht auf das Jahr 196 v. Chr. zurück und enthält das Edikt des Herrschers Ptolemäus Epiphanes.*

fangen. Diese Zerwürfler arbeiten oft gleich und haben keinen Schlüssel: Jeder Laut im Klartext wird auf dieselbe Weise umgewandelt. Zum Beispiel wird aus dem A stets ein GRRR, und dieses GRRR können wir als Buchstaben im Alphabet der Krähen bezeichnen. Dennoch sind solche Scrambler sehr nützlich bei Situationen taktischen Typs. Das wissen zum Beispiel Polizisten, die bei der Verfolgung von Gangstern oder bei Geiselnahmen über Funk miteinander sprechen. Wenn allerdings Kryptanalytiker Tonbänder mit jenen Unterhaltungen untersuchen könnten, so gelänge es sehr wohl, das Chiffriersystem zu knakken. Auf längere Frist hinaus sind solche Scrambler mit festem Schlüssel nicht viel wert. Einen strategischen langfristigen Schutz der Vertraulichkeit von Telefongesprächen bietet nach dem Prinzip von Kerckhoffs nur ein Chiffriersystem mit sehr vielen Schlüsseln.

**Einige faszinierende degenerierte Chiffren**

Ein merkwürdiges System der Kryptophonie verwendeten die Amerikaner während des Zweiten Weltkrieges. Ein »Scrambler« verwandelte das Amerikanisch des Klartextes in eine überaus merkwürdig klingende Chiffre und übertrug sie auf telefonischem Weg. Am anderen Ende sorgte ein anderer »Scrambler« für die Entwürfelung. Die beiden »Scrambler« waren ... Navajo-Indianer! Das Navajo ist eine außergewöhnlich schwierige Sprache, die von wenigen zehntausend Indianern auf der Hochebene von Colorado gesprochen wird. Sie verlangt eine außerordentlich genaue Aussprache, und es gibt kaum Fremde, welche diese Sprache beherrschen. Technisch gesehen, handelt es sich um eine degenerierte Chiffre, doch wer eine solche Botschaft abfing, hatte wohl seine liebe Mühe mit dieser Indianersprache. Auf eine ähnliche Idee kam übrigens auch ein irisches Truppenkontingent der Vereinten Nationen, das 1960 nach Afrika geschickt wurde. Sie begnügten sich allerdings mit der irischen Sprache, die sehr viel ... leichter und verbreiteter ist als das Navajo, wie der folgende Klartext beweist:

CONAS A THUIGFEADH DUINE AN GHAEILGE MARA BHFOGHLAIMEODH SE I

(= Wie könnte eine Person das Irische verstehen, sofern sie es nicht studiert hat?). Die offensichtliche Ähnlichkeit zwischen »ghaeilge« und »gälisch« könnte einen aufmerksamen Kryptanalytiker auf die richtige Spur bringen.

Überdies existiert ein weites Gebiet, in dem sich das Studium der Sprachen mit dem der Kryptographie überlappt. Es ist die Entzifferung der Schriften toter Sprache. 1822 entzifferte Jean-François Champollion die ägyptischen Hieroglyphen. Georg Friedrich Grotefend und Henry Rawlinson taten in der ersten Hälfte des vorigen Jahrhunderts dasselbe mit der Keilschrift, in der die Sprachen der alten Perser, Assyrer und Babylonier geschrieben wurden. 1952 schließlich lichtete Michael Ventris das Dunkel um die Linear B aus Kreta. Alle diese Männer können als erstklassige Kryptologen gelten. Bekanntlich benutzte Champollion bei der Entzifferung der Hieroglyphen den Stein von Rosette, der heute im Britischen Museum aufbewahrt wird. Darauf erscheint das »Kryptogramm« zusammen mit einem Klartext. Dieselbe Botschaft war auf altgriechisch (= Klartext), mit hieratischen Hieroglyphen (= erster chiffrierter Text) und in demotischen Hieroglyphen (= zweiter chiffrierter Text) wiedergegeben.

Vom kryptanalytischen Standpunkt aus handelt es sich um eine Entzifferung mit Klartext. Der Experte hat das Kryptogramm und den Klartext zur Hand und will herausfinden, welches Chiffriersystem und welcher Schlüssel verwendet wurden. Gelingt ihm dies, so kann er in Zukunft alle Kryptogramme, die er auffängt, auch auflösen, solange der Feind dasselbe Chiffriersystem und denselben Schlüssel verwendet.

*Schriftzeichen der Linear B, einer Schrift aus dem frühen Kreta. Für die Entzifferung sorgte 1952 Michael Ventris.*

Beim Stein von Rosette hatte der »Feind« mit Sicherheit keine feindlichen Absichten: Wir können die ägyptischen Schreiber als unfreiwillige Kryptographen betrachten. Kaum hatte Champollion die Hieroglyphen auf dem Stein von Rosette entziffert, so wurden mit einem Schlag auch alle anderen Hieroglyphentexte mindestens teilweise verständlich.

Das Interesse für die Entzifferung toter Sprachen geht oft parallel mit einer Begeisterung für die Kryptographie lebender Sprachen. Ein berühmter Kryptograph des 17. Jahrhunderts, Athanasius Kircher (1602–1680), beschäftigte sich lange Zeit mit der Entzifferung der Hieroglyphen. Kircher und sein Schüler Kaspar Schott (1608–1666) teilten die Leidenschaft für wenig orthodoxe Formen der Kryptographie. Beide waren große Experten auf dem Gebiet der Anamorphosen. Man versteht darunter Maltechniken, mit denen man Bilder verändern und deformieren kann. Oft streift die Anamorphose die Grenzen der Kryptographie: Das Bild ist so stark deformiert, daß es erst dann sicht- und erkennbar wird, wenn der Betrachter über den »Schlüssel« des Chiffriersystems verfügt. Auf dieser Seite ist ein Fresko (1642) des französischen Malers Emmanuel Maignan, eines

*Ein berühmtes Beispiel für eine Anamorphose ist das kryptographische Fresko im Kreuzgang der Kirche Santissima Trinità dei Monti. Es stammt vom französischen Maler Emmanuel Maignan. Im Bild unten das »Kryptogramm, rechts hingegen, im schrägen Winkel aufgenommen, der »Klartext«.*

weiteren Meisters der Anamorphose, abgebildet. Es befindet sich in Rom im Kreuzgang der Kirche Santissima Trinità dei Monti. Das Kryptogramm ist eine Landschaft, doch der »Klartext« zeigt ein Porträt des Heiligen Francesco von Paola. Der Schlüssel besteht einfach darin, daß man das Bild von einer schrägen Perspektive betrachten muß. Wie im Falle der Atbasch gibt es auch hier eigentlich nichts zu verbergen. Das Fresko liegt so, daß der Vorübergehende gezwungen ist, es aus der »Schlüsselperspektive« zu betrachten und zu seinem großen Erstaunen das Geheimnis zu entdecken. Wir stehen hier vor einem faszinierenden Beispiel einer »Kryptographie des Wunderbaren«, die mit der militärischen Kryptographie und der Verschlüsselung des Computers kaum etwas gemeinsam hat.

Wir schließen hier mit einem weiteren spektakulären gemalten Kryptogramm. Es geht auf den Mailänder Maler Giuseppe Arcimboldo (1527–1593) zurück, der lange Zeit in Prag und in Wien lebte. Der Schlüssel besteht hier

*Dieses malerische »Kryptogramm« kann man ohne Unterschied als Gemüsestrauß oder als Porträt eines Gemüsebauern betrachten. Es hängt nur davon ab, wie wir das Bild aufhängen. Es stammt von Giuseppe Arcimboldo.*

darin, daß man das Bild einfach auf den Kopf dreht. So wird aus dem Gemüsestrauß – ein Gärtner!
Jetzt sind wir aber zu weit abgeschweift. Im nächsten Kapitel verlassen wir diese wunderlichen Wege der Kryptographie und kehren zu ernsthaften Dingen zurück.

## *Übungen*

1. Wir haben in ASCII ein englisches Wort niedergeschrieben. Für den Rechner ist die Sache ganz klar. Erkennen auch Sie das Wort?
010110010100010101010011

2. Was steht da in Morseschrift?
—·, ··, ————, —, ···

*(Lösungen auf Seite 126)*

# 9 Poly- graphische Chiffren

*Mit dem wenig prophetischen Namen »Invencible Armada« bezeichnete sich die mächtige Flotte, die Philipp II. gegen England entsandte. Auf der gegenüberliegenden Seite ein Gemälde aus jener Zeit. Die Flotte wurde von Stürmen und den Engländern aufgerieben.*

Nun sind wir beim letzten Kapitel über jene Chiffren angelangt, die man noch mit Papier und Bleistift bewältigen kann. Zu Beginn machen wir einen etwas brüsken Sprung zurück in die Vergangenheit: Wir gehen von einem Übermittlungssystem aus, das der griechische Historiker Polybios im zweiten Jahrhundert v. Chr. beschrieben hat.

Anstatt das griechische Alphabet wie im ersten Kapitel zu benutzen, übernehmen wir das lateinische mit 26 Buchstaben. Ehrlich gesagt, hat die Zahl 26 den großen Nachteil, daß sie keine Quadratzahl ist wie etwa $25 = 5^2 = 5 \times 5$ oder $36 = 6^2 = 6 \times 6$. Da wir hier Quadrate brauchen, müssen wir einen Buchstaben weglassen. Ein idealer Kandidat dafür ist das Q. Bei den Beispielen in diesem Kapitel werden wir es regelmäßig durch ein K ersetzen. Die Verständlichkeit der Botschaft leidet nicht darunter. Erschrecken Sie also nicht, wenn hier nun steht:

| |
|---|
| DIESE BOTSCHAFT IST ZIEMLICHER KUATSCH |

Bilden wir nun ein Schachbrett mit 25 Quadraten und schreiben wir die 25 Buchstaben je in ein Kästchen.

| | 1 | 2 | 3 | 4 | 5 |
|---|---|---|---|---|---|
| 1 | A | B | C | D | E |
| 2 | F | G | H | I | J |
| 3 | K=Q | L | M | N | O |
| 4 | P | R | S | T | U |
| 5 | V | W | X | Y | Z |

Jeder einzelne Buchstabe ist durch die Nummer der Zeile und die Nummer der Spalte gekennzeichnet: A ↔ 1 1 (Achtung: Man liest »Eins eins« und nicht »Elf«); B ↔ 1 2; ... E ↔ 1 5; F ↔ 2 1; ... K=Q ↔ 3 1; ... Z ↔ 5 5; H ↔ 2 3 bedeutet hiermit, daß das H an der Kreuzungsstelle zwischen der Zeile 2 und der Spalte 3 steht. Jeder Buchstabe wird durch ein Ziffernpaar verschlüsselt dargestellt.

| E | U | R | E | K | A |
|---|---|---|---|---|---|
| 1 5 | 4 5 | 4 2 | 1 5 | 3 1 | 1 1 |

(Natürlich ergibt die orthographisch falsche Botschaft EUREQA dasselbe Kryptogramm). In der historischen Version verbindet sich dieses einfache kryptographische

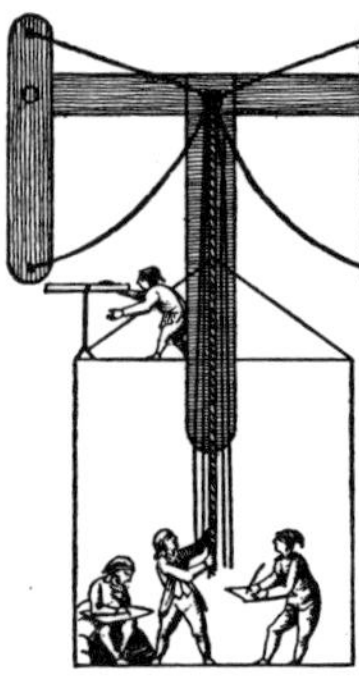

*Der optische Flügeltelegraph des französischen Geistlichen Claude Chappe. Er bestand aus einem Holzbalken, der in der Mitte drehbar gelagert war. An jedem Ende des Balkens waren bewegliche Flügel angebracht. Mit ihnen konnte man eine große Zahl von Figuren darstellen.*

System mit einer besonderen Art der Datenübertragung. Dazu verwendete man zehn Fackeln. Das Zahlenpaar 1 5 beispielsweise wurde auf Entfernung so übertragen, daß man auf ein Gestell eine Fackel und auf ein anderes Gestell fünf Fackeln steckte. Eine solche optische Datenübertragung sollten wir nicht unterschätzen. Im Jahr 1588 gelangte über eine Entfernung von Hunderten von Kilometern die Nachricht nach London, die spanische »Invencible Armada« (»Unbesiegbare Armee«) sei im Ärmelkanal vor Plymouth gesichtet worden. Eine Kette von Feuern auf Glokkentürmen und Hügelrücken übertrug diese Nachricht in weniger als zwanzig Minuten nach London. Daraus kann man allerdings auch schließen, daß die Spanier gutes Wetter mitgebracht hatten ... Im Jahr 1794 wurde in Frankreich ein weiteres System eingeführt. Auf weithin sichtbaren Türmen wurden Flügeltelegraphen eingerichtet. Die sechzehn Übertragungspunkte zwischen Lille und Paris machten es möglich, daß Botschaften über die fast 200 Kilometer in weniger als zwei Minuten eintrafen! Der Erfinder dieses Systems, das wir als optischen Telegraphen bezeichnen können, war der Geistliche Claude Chappe. Die erste Botschaft, die übertragen wurde, war die Nachricht vom Sieg der republikanischen Heere bei Condé.

Vom kryptographischen Standpunkt aus kann man das System des Polybios noch etwas verstärken, indem man den 25 Buchstaben willkürlich 25 Quadrate zuweist. Das Schachbrett würde dann die Funktion eines Schlüssels übernehmen und hätte auch alle Nachteile eines Gitters – daß es nämlich leicht aufgedeckt werden könnte. Eine Lösung könnte darin bestehen, das Schachbrett mit Hilfe eines leicht zu merkenden Schlüsselworts zu konstruieren, zum Beispiel INVENCIBLE wird dann zu INVECBL. Dann schreiben wir alle anderen Buchstaben in ihrer alphabetischen Ordnung auf.

| | 1 | 2 | 3 | 4 | 5 |
|---|---|---|---|---|---|
| 1 | I | N | V | E | C |
| 2 | B | L | A | D | F |
| 3 | G | H | J | K | M |
| 4 | O | P | R | S | T |
| 5 | U | W | X | Y | Z |

Das Ergebnis ist ein vernünftiger Kompromiß. Das System des Polybios ist übrigens ein bequemer Ausgangspunkt, um zwei ziemlich bekannte Chiffren zu erklären. Sie wurden zweitausend Jahre später in Frankreich und England entwikkelt.

**Die Playfair-Methode**

Die Chiffre von Playfair wurde während des Ersten und des Zweiten Weltkrieges verwendet. Auch sie machte vom Schachbrett des Polybios Gebrauch. Nehmen wir das Schlüsselwort Whisky.

| | | | | |
|---|---|---|---|---|
| W | H | I | S | K |
| Y | A | B | C | D |
| E | F | G | J | L |
| M | N | O | P | R |
| T | U | V | X | Z |

Wir beschreiben nun die Regeln zur Verschlüsselung des Klartextes. Zunächst teilen wir die Botschaft in Zweiergruppen von Buchstaben auf (ZU NÄ CH ST TE IL EN WI RD IE BO TS ...). Jede dieser Paarungen fällt mit Sicherheit in eine der folgenden Kategorien:

1. Die beiden Buchstaben des Paares stehen auf derselben Zeile.
2. Sie stehen in derselben Spalte.
3. Die beiden Buchstaben des Paares stehen weder auf derselben Zeile noch in derselben Spalte.
4. Die beiden Buchstaben sind identisch.

Für diese vier Fälle gibt es auch vier verschiedene Verfahren:

1. Die beiden Buchstaben werden durch diejenigen ersetzt, die ihnen auf derselben Spalte nachfolgen. Die Substitution erfolgt dabei kreisförmig, d. h. auf den letzten Buchstaben der Zeile folgt der erste Buchstabe derselben Zeile. WI wird beispielsweise zu HS, WH zu HI, SI zu KS, KI zu WS.
2. Die beiden Buchstaben werden durch diejenigen ersetzt, die in derselben Spalte gleich darunter folgen. IG ergibt somit BO, VB ergibt IG.
3. In diesem Fall bildet man aus den beiden Buchstaben des Klartextes auf folgende Weise ein Rechteck. (Wir sind vom Buchstabenpaar NC ausgegangen.)

| | | | | |
|---|---|---|---|---|
| W | H | I | S | K |
| Y | A | B | C | D |
| E | F | G | J | L |
| M | N | O | P | R |
| T | U | V | X | Z |

*Die Playfair-Methode. Die Buchstaben N und C im Klartext bilden die Diagonale eines Rechtecks. Die entsprechenden chiffrierten Buchstaben befinden sich in den beiden anderen Ecken dieses Rechtecks: P und A.*

Die beiden chiffrierten Buchstaben entsprechen den beiden anderen Ecken des Rechtecks. Als erster kommt der Buchstabe, der auf der Zeile des ersten Buchstaben steht. NC ergibt PA, CN ergibt AP.

4. Mit der Chiffre von Playfair ist es nicht möglich, Doppelbuchstaben zu verschlüsseln. Man muß auf Tricks zurückgreifen, zum Beispiel auf Einschiebsel in Form eines X, welche die Verständlichkeit nicht kompromittieren. In einer Sprache wie dem Deutschen, in der Doppelbuchstaben häufig auftreten, ist es gar keine schlechte Idee, SIE VÖLLIG WEGZULASSEN.

Nehmen wir nun ein Beispiel anhand des Schachbretts mit dem Schlüsselwort WHISKY.

GAELIC IS AN INDECIPHERABLE LANGUAGE

(»Das Gälische ist eine unentzifferbare Sprache«). Hier die Botschaft in Buchstabenpaaren und gleich darunter das Kryptogramm.

| | | | | | | | | | | | | | | | |
|---|---|---|---|---|---|---|---|---|---|---|---|---|---|---|---|
| GA | EL | IC | IS | AN | IN | DE | CI | PH | ER | AB | LE | LA | NG | UA | GE |
| FB | FE | SB | SK | FU | HO | YL | BS | NS | LM | BC | EF | FD | OF | HF | JF |

Liegt keine gerade Zahl von Buchstaben vor, so hätten wir zum Beispiel ein X am Ende der Botschaft einschieben müssen. Wir hätten auch irgendeinen Buchstaben unterdrücken oder ersetzen können, zum Beispiel durch die Schreibweise INDECIFERABLE anstelle von INDECIPHERABLE. Die Chiffre von Playfair wurde überhaupt nicht von Lyon Playfair, einem Baron von St. Andrews, entwickelt, sondern er machte sie nur in höheren militärischen und diplomatischen Kreisen des viktorianischen Englands bekannt. Der wahre Erfinder der Chiffre ist jedem Physikstudenten ein Begriff. Es handelt sich um Charles Wheat-

*Der englische Naturforscher Charles Wheatstone (1802–1875) ist vor allem für die nach ihm benannte elektrische Brücke bekannt. Hier ein Bleistiftporträt von S. Laurenc.*

stone (1802–1875), einen Naturwissenschaftler, der auch einen der ersten Telegraphen erfand. Wir kennen ihn vor allem durch die Wheatstonesche Brücke, mit der man den elektrischen Widerstand messen kann. Diese allerdings wurde von S. H. Christy erfunden.

**Der zweigespaltene Code von Delastelle**

Nicht nur die Zunge der Schlange ist zweigespalten. Diesen Begriff verwendete auch Félix-Marie Delastelle (1840–1902) für ein von ihm entwickeltes Chiffriersystem. Delastelle ist ein Vertreter der großen französischen kryptographischen Schule, der auch Bazéries, Kerckhoffs und de Viaris angehörten. Er war jedoch ein Laie. Das ändert nichts an der Tatsache, daß seine Beiträge von allererster Güte waren. Auch diese Chiffre macht von einem Schachbrett mit 25 Feldern Gebrauch. Wir zeichnen uns ein neues Brett auf und gehen dabei vom Schlüsselwort ABAT-JOUR (Lampenschirm) aus. Die Chiffrierung erfolgt in drei Schritten.

*Erster Schritt:* Wir teilen die Botschaft in Blöcke zu je fünf Buchsta-

| | 1 | 2 | 3 | 4 | 5 |
|---|---|---|---|---|---|
| 1 | A | B | T | J | O |
| 2 | U | R | C | D | E |
| 3 | F | G | H | I | K |
| 4 | L | M | N | P | S |
| 5 | V | W | X | Y | Z |

ben auf. Unter jeden Buchstaben schreiben wir die Nummer der Spalte und noch weiter darunter die Nummer der Zeile, um die Stellung des Buchstabens auf dem Schachbrett eindeutig zu kennzeichnen. Die Botschaft im Klartext

LE CANON GRONDE

(= »Die Kanone dröhnt«) ergibt:

| | | | | |
|---|---|---|---|---|
| L | E | C | A | N |
| 1 | 5 | 3 | 1 | 3 |
| 4 | 2 | 2 | 1 | 4 |
| | | | | |
| O | N | G | R | O |
| 5 | 3 | 2 | 2 | 5 |
| 1 | 4 | 3 | 2 | 1 |
| | | | | |
| N | D | E | X | X |
| 3 | 4 | 5 | 3 | 3 |
| 4 | 2 | 2 | 5 | 5 |

Das L befindet sich auf dem Schachbrett in der ersten Spalte und in der vierten Zeile. Die Buchstabenzahl einer Botschaft muß einem Vielfachen von 5 entsprechen.

*Zweiter Schritt:* Die Ziffern jedes Blocks werden in waagrechten Zeilen neu geschrieben – erste und zweite Zeile des ersten Blocks, erste und zweite Zeile des zweiten Blocks, erste und zweite Zeile des dritten Blocks. Dann stellt man Zweiergruppen her:

| | | | | | | | | | | | | | | |
|---|---|---|---|---|---|---|---|---|---|---|---|---|---|---|
| 15 | 31 | 34 | 22 | 14 | 53 | 22 | 51 | 43 | 21 | 34 | 53 | 34 | 22 | 55 |

*Dritter Schritt:* Bei dieser letzten Phase verwendet man die Tabelle in umgekehrter Reihenfolge, als ob es sich bereits um eine Entzifferung handelte. Jedes Zahlenpaar entspricht einem Buchstaben. Die Paarung 15 ergibt den Buchstaben V, der an der Kreuzungsstelle zwischen der ersten Spalte und der fünften Zeile steht. LE CANON GRONDE lautet also:

V T R N L K R O I B N K N R Z

Delastelle dachte sich auch eine dreiteilige Chiffre aus, die eine Ausdehnung in der dritten Dimension entspricht. In diesem Fall geht man nicht von einem quadratischen Schachbrett, sondern von einem Würfel mit 27 (= 3×3×3) Teilwürfeln aus. In jedem Teilwürfel ist ein Buchstabe des Alphabets untergebracht. In manchen Alphabeten fehlt allerdings ein Buchstabe bis zur Zahl 27. Man kann das E mit einem Accent hinzufügen, das im Französischen ziemlich häufig auftritt. Damit würde man auch die Frequenz der Buchstaben e+è+é erniedrigen. Natürlich würde man dabei nicht zwischen dem accent grave und dem accent aigu unterscheiden: è = é.

Fleißige Leser werden ein Vergnügen darin finden, die dreiteilige Chiffre neu zu entdecken. Sie müssen dabei nur der Logik der zweigespaltenen Chiffre folgen. Die Chiffren von Delastelle sind keineswegs banal, da der Klartext gehörig durcheinandergewürfelt wird. Dennoch gibt es einige wenn auch schwache Anhaltspunkte, an denen die Kryptanalytiker angreifen können. Heute, im Zeitalter der Computer, gilt nicht einmal mehr die Chiffre von Delastelle als sicher.

Die Methoden von Polybios, Playfair und Delastelle sind alles Substitutionschiffren. Es werden dabei aber nicht die einzelnen Buchstaben des Klartextes chiffriert wie zum Beispiel bei der Vigenère-Methode. Vielmehr erfolgt die Verschlüsselung anhand von mehreren Buchstaben (Paarungen im Falle von Playfair, Fünfergruppen beim zweigespaltenen Code). Substitutionschiffren dieser Art nennt man polygraphisch. Werden hingegen die Buchstaben einzeln chiffriert, so spricht man von einem monographischen Code. Die polygraphischen Chiffren werden schnell sehr komplex. Um so bemerkenswerter erscheinen uns die überraschenden Lösungen von Wheatstone und Delastelle. Im nächsten Kapitel behandeln wir Chiffren, die man mit etwas gutem Willen ebenfalls als polygraphisch bezeichnen kann. Sie sind weder besonders komplex noch besonders raffiniert. Sie haben aber seit jeher und bis auf den heutigen Tag eine große Bedeutung in der Geschichte der Kryptographie. Die Übungen zu diesem Kapitel befinden sich zusammen mit anderen am Ende des nächsten Kapitels (siehe Seite 93).

I WANT YOU
FOR U.S. ARMY
NEAREST RECRUITING STATION

# 10 Die Zimmermann-Depesche

Die Chiffriersysteme, von denen wir in diesem Kapitel sprechen, können wir als die natürlichen Erben der Wortlisten betrachten. Sie sind kennzeichnend für das Zeitalter des Telegraphen, das ungefähr bis zum Zweiten Weltkrieg reichte.

**Einfache und doppelte Listen**
In einem gewissen Sinn gehören die Chiffren, die wir hier beschreiben werden, zu den Substitutionschiffren: Substituiert, also ersetzt, werden jedoch ganze Wörter. Dazu braucht man eine Art Wörterbuch, das die Wörter des Klartextes in eine Phantasiesprache übersetzt, die eigens für kryptographische Zwecke entwickelt wurde. Den Wörtern im Klartext unseres Lexikons entsprechen Wörter in einem Geheimcode. Im allgemeinen handelt es sich bei diesen um Sequenzen von immer gleich viel Ziffern oder Buchstaben. Ein Ausschnitt aus einem solchen Wörterbuch könnte dann so aussehen:

| | |
|---|---|
| ETAT | 32511 |
| ETWAS | 32512 |
| EULE | 32513 |
| EUROPA | 32514 |
| EVAKUIEREN | 32515 |

Solche Chiffren nennt man auch Repertorien. Ein großer Nachteil bei der Zusammenstellung eines solchen Wörterbuchs fällt sofort ins Auge: Diese Lexika bleiben stets umfangreich und dick, auch wenn sie winzig klein auf Dünndruckpapier gedruckt werden. Agenten können diese Bücher nur schwer verstecken und sie ziemlich leicht verlieren. Natürlich wurden sie so zusammengestellt, daß nur nützliche Wörter darin vorkamen. In einer militärischen Wortliste würde die EULE wohl gnadenlos ausgemerzt. Was geschieht aber, wenn man an einem bestimmten Punkt doch die Eule brauchen würde? Da könnte man folgendermaßen vorgehen: Unter den Wörtern des Lexikons könnten auch die 26 Buchstaben des Alphabets Platz finden. Man würde auf sie aber nur im Notfall zurückgreifen. Wenn also eine Eule wirklich die Frechheit besäße, in einer militärischen Botschaft aufzutauchen, so bräuchte man im Kryptogramm für sie zwanzig Ziffern, fünf für das E, fünf für das U, fünf für das L und fünf für das E. Eine große Verschwendung! Im Gegenzug könnte man aber sehr häufige Sätze mit einem Schlag ganz einfach codifizieren, zum Beispiel:

*Ein berühmtes Plakat aus dem Jahr 1917 lädt alle jungen Männer ein, sich der Armee anzuschließen. »Ich brauch dich für die US Army« sagt Onkel Sam, schaut dabei dem Leser in die Augen und deutet mit dem Zeigefinger auf ihn.*

Es ist kein großes Unglück, wenn man HASE LAUFEN SCHNELL schreibt anstatt in der grammatikalisch richtigen Form DER HASE LÄUFT SCHNELL. Noch heute erlaubt man sich beim Telegrammstil einige grammatikalische Freiheiten. Dieser Hinweis auf Telegramme ist kein Zufall, denn wir beschäftigen uns hier mit Chiffren, die im wesentlichen vom Telegraphen befördert wurden.
Bei den Wörterbüchern gibt es einfache oder doppelte Wortlisten. Bei den einfachen Listen sind die Wörter im Klartext und die Zahlen der Chiffre völlig normal geordnet, wie etwa im Beispiel zu Beginn: ETWAS folgt auf ETAT, und die Codenummer von ETWAS folgt auf die Codenummer von ETAT. Der Vorteil besteht darin, daß man nur ein Wörterbuch dazu braucht, nämlich das mit dem Klartext und der Chiffre. Im gegenteiligen Fall müßte man auch das umgekehrte Wörterbuch »Chiffre-Klartext« besitzen. Genauso, wie man ein deutsch-italienisches und italienisch-deutsches Wörterbuch benötigt. Für diesen Vorteil muß der Kryptograph allerdings teuer bezahlen. Man denke zum Beispiel an ein englisches Repertorium. Haben wir einmal begriffen, daß die Nummer 77231 LONDON entspricht, so gelangt man fast automatisch auch zur Codenummer der irischen Stadt LONDONDERRY. Natürlich könnte man auf irgendeinen Trick zurückgreifen. Verwirrung würden zum Beispiel Lücken in der Liste der Codenummern schaffen, indem man zum Beispiel auf alle Zahlen zwischen 77231 und 81000 verzichtet und direkt von 77231 (LONDON) auf 81001 (LONDONDERRY) übergeht. Das ändert aber nichts an der Tatsache, daß die Chiffren mit einfachen Wortlisten wenig sicher sind. Dafür gibt es in der langen Geschichte der Kryptographie zahlreiche unheilvolle Beispiele.
Eine Lösung des Problems sehen wir darin, daß wir auf eine doppelte Wortliste zurückgreifen. Hier werden die Codenummern zufällig gewählt, etwa wie im folgenden Fall:

| | |
|---|---|
| E T A T | 23171 |
| E T WA S | 73217 |
| E U L E | 10492 |
| E U R O P A | 00676 |
| E V A K U I E R E N | 67386 |

Diesmal brauchen wir auch den zweiten Teil des Wörterbuches, in dem die Codenummern in geordneter Reihenfolge vorliegen.

| | |
|---|---|
| 23171 | ETAT |
| 23172 | LONDONDERRY |
| 23173 | SEGELFLUGZEUG |
| | usw. |

Solche doppelten Listen sind sehr viel ernsthafter. Sie fanden weite Verwendung während der beiden Weltkriege, doch auch sie wurden unzählige Male geknackt. Wie das? Die Antwort ist einfach: Es handelt sich um Chiffren mit einem einzigen Schlüssel: Ein »Wechsel des Schlüssels« bedeutete, das ganze Wörterbuch wegzuwerfen und ein völlig neues aufzubauen. Das verstößt aber gegen das Prinzip von Kerckhoffs. Es handelt sich also um taktische und nicht um strategische Chiffren. Da aber der Wechsel einer solchen Chiffre eine hochkomplizierte Arbeit darstellt, kann man das nicht zu oft wiederholen –

selbst in Kriegszeiten nicht, wo die Geheimhaltung eine Frage auf Leben und Tod ist. Daraus folgt, daß der Feind sehr viel Zeit zur Entzifferung hat, sei es für die »saubere« statistische Arbeit wie die »schmutzige« der Agententätigkeit und des Verrats. Solche Wortlisten wurden oft monatelang verwendet, und die Ergebnisse waren bisweilen katastrophal.

Natürlich waren sich die Chiffrierdienste dieser Schwierigkeiten bewußt. Oft verwendeten sie deswegen eine Überschlüsselung. Dabei werden die Kryptogramme ein zweites Mal mit Hilfe flexiblerer Systeme, zum Beispiel durch polygraphische Chiffren, verschlüsselt. Doch auch das reichte nicht aus, und im Grabenkrieg zwischen Kryptographen und Kryptanalytikern trugen diese oft spektakuläre Siege davon. Am berühmtesten in dieser Hinsicht ist ein Vorfall aus dem Jahr 1917, während des Ersten Weltkrieges.

### Ein kryptanalytischer Erfolg veränderte den Lauf der Geschichte

Die Protagonisten dieser Geschichte sind der Geheimdienst der britischen Admiralität, der deutsche Außenminister Arthur Zimmermann und, im Hintergrund, der amerikanische Präsident Thomas Woodrow Wilson. Der U-Boot-Krieg war in vollem Gange, und 1915 war die torpedierte »Lusitania« mit 1400 Menschen an Bord untergegangen. Dic öffentliche Meinung in Amerika neigte immer stärker zu einem Kriegseintritt der Vereinigten Staaten an der Seite der Allianz zu. Doch Präsident Wilson zögerte noch.

Im Januar 1917 fing der englische Geheimdienst ein chiffriertes Telegramm ab, das Minister Zimmer-

| | |
|---|---|
| 00 | Raziocinio |
| 01 | Razionale |
| 02 | Razza |
| 03 | Di buona razza |
| 04 | Di cattiva razza |
| 05 | (Re) Il Re di |
| 06 | S. M. il Re |
| 07 | Reagi-re, Reagente |
| 08 | Reagito |
| 09 | Realista, Reale |
| 10 | Realizza-re, Realizzazione |
| 11 | Potete realizzare |
| 12 | Realizzate |
| 13 | Realizzato |
| 14 | Potuto realizzare |
| 15 | Realtà, Realmente |
| 16 | Reazione, Reazionario |
| 17 | Prodotta una reazione |
| 18 | Recalcitra-re, Recalcitrante |
| 19 | Recapito |
| 20 | Reca-re, Recato |
| 21 | Recede-re, Receduto |
| 22 | Recente, Recentemente |
| 23 | Recidivo |
| 24 | Recinto |
| 25 | Recipiente |
| 26 | Reciprocità |
| 27 | Reciproco, Reciprocamente |
| 28 | Reciso, Recisamente |
| 29 | Recita-re, Recitazione |
| 30 | Reclama-re, Reclamo |
| 31 | Reclami |
| 32 | Recluso, Reclusione |
| 33 | Recluta-re, Reclutamento |
| 34 | Recrimina-re, Recriminazione |
| 35 | Redattore |
| 36 | Reddito |
| 37 | Redige-re, Redatto |
| 38 | Redime-re, Redimibile |
| 39 | Reduce |
| 40 | Referendario |
| 41 | Refezione |
| 42 | Refrattario |
| 43 | Refrigerio |
| 44 | Regala-re, Regalo |
| 45 | Reggente |
| 46 | Regge-re, Reggenza |
| 47 | Reggia |
| 48 | Reggimento |
| 49 | Reggimento Artiglieria |
| 50 | « Bersaglieri |
| 51 | « Cavalleria |
| 52 | « Linea |
| 53 | Reggio Calabria |
| 54 | Reggio d'Emilia |
| 55 | Regia |
| 56 | Regia cointeressata |
| 57 | Regime |
| 58 | Passato regime |
| 59 | Sotto il regime |
| 60 | Regina |
| 61 | La Regina di |

*Eine Seite aus dem italienischen Codice Baravelli (einfache Wortliste). In der Geschichte der Kryptographie ist diese Chiffre mit der berühmten französischen Dreyfus-Affäre des Jahres 1894 und mit dem sogenannten Panizzardi-Telegramm verbunden, das geheime Informationen über den Hauptmann Dreyfus enthielt. Das Telegramm wurde zwar entziffert, doch reicht es nicht aus, um Dreyfus von der ungerechten Anklage wegen Hochverrats zu befreien.*

*Diese deutsche Medaille verhöhnt die Geldgier der Angloamerikaner, weil sie die »Lusitania« trotz der Warnungen der Deutschen abfahren ließen. Auch die Engländer bildeten das Schiff in großer Zahl ab, um die Heimtücke der deutschen Regierung zu beweisen. Auf der einen Seite der Medaille sieht man das untergehende Schiff. Darunter steht »Der große Dampfer Lusitania durch ein deutsches Tauchboot versenkt, 7. Mai 1915«. Auf der anderen Seite der Medaille ist der Tod abgebildet, wie er Fahrkarten für die Überfahrt verkauft. Darüber steht das Motto: »Geschäft über alles«.*

mann an den deutschen Botschafter in Washington gerichtet hatte, dem Grafen von Bernstorff. Die Botschaft war mit der Chiffre 0075 verschlüsselt worden, einer doppelten Wortliste mit 10 000 Einträgen oder Sätzen, welche die Engländer schon früher teilweise entziffert hatten. Der Inhalt hörte sich wie folgt an:

■ Streng geheim
Beginn des uneingeschränkten U-Boot-Krieges auf den ersten Februar festgesetzt stop Bemühen uns trotzdem die Vereinigten Staaten neutral zu halten stop (?) Sollte das nicht ... so machen wir (Mexiko?) einen Bündnisvorschlag auf folgender Basis:
... Kriegführung
... Friedensschluß und ...
Sie werden den Präsidenten ... so geheim wie möglich in Kenntnis setzen ... (Ausbruch des?) Krieges mit den Vereinigten Staaten ... (Japan) ... vermitteln soll stop Machen Sie bitte dem Präsidenten deutlich daß ... Unterseeboote ... England binnen weniger Monate zum Friedensschluß zu zwingen stop Bestätigen Sie Empfang

*Zimmermann*

Es war ziemlich klar, daß das vorliegende Material hochbrisant war. Man konnte es aber noch nicht richtig einsetzen, denn die Entzifferung war noch unvollständig und das Geheimnis noch nicht richtig gelüftet. Auf der anderen Seite hatte das Telegramm seine Reise noch nicht beendet, denn das eigentliche Ziel war offensichtlich die Stadt Mexiko und nicht Washington. Es fehlte noch ein Element, ein Kryptogramm, das von den Vereinigten Staaten nach Mexiko geschickt wurde. Die Engländer konnten es beschaffen, allerdings nicht mit statistischen Methoden. Zum Unglück für die Deutschen hatte das Telegramm nach dem Verlassen von Washington seine Gestalt verändert. Es war nicht mehr von der Chiffre 0075, sondern von einer einfachen Wortliste, allerdings einer überschlüsselten, geschützt. Den Engländern gelang die Entzifferung ohne große Schwierigkeiten. Denselben Klartext mit zwei verschiedenen Systemen zu verschlüsseln, ist einer der übelsten kryptographischen Irrtümer, die es gibt! Der verwendete Code 13040, der über 25 000 Elemente im Klartext verfügte, war übrigens nicht eine ganz einfache Wortliste, sondern eine Art Zwittersystem: Blöcke aus einigen hundert aufeinanderfolgenden Nummern waren dabei durcheinandergemischt.

Der Inhalt des Telegramms war noch wesentlich explosiver als bisher geahnt:

■ Streng geheim
Beginn des uneingeschränkten U-Boot-Krieges auf den ersten Februar festgesetzt stop Bemühen uns trotzdem die Vereinigten Staaten neutral zu halten stop Sollte das nicht gelingen so machen wir Mexiko einen Bündnisvorschlag auf folgender Basis: Gemeinschaftliche Kriegführung gemeinschaftlicher Friedensschluß allgemeine finanzielle Unterstützung und unser Einverständnis daß Mexiko die verlorenen Gebiete Texas Neu Mexiko und Arizona wiederbesetzt stop Die Regelung im einzelnen bleibt Ihnen überlassen stop Sie werden den Präsidenten (von Mexiko) vom Obenstehenden so geheim wie möglich in Kenntnis setzen sobald der Ausbruch des Krieges mit den Vereinigten Staaten feststeht und den Vorschlag hinzufügen daß er von sich aus Japan zur sofortigen Teilnahme auffordern und dabei zwischen Japan und uns vermitteln soll stop Machen Sie bitte dem Präsidenten deutlich daß der unbeschränkte Einsatz unserer Unterseeboote nunmehr die Aussicht eröffnet England binnen weniger Monate zum Friedensschluß zu zwingen stop Bestätigen Sie Empfang Zimmermann.

Die Zimmermann-Depesche war der Tropfen, der das Faß zum Überlaufen brachte. Sie bewirkte, daß die Amerikaner Deutschland den Krieg erklärten – mit den Folgen, die wir alle kennen.

## *Übungen*

1. Das folgende Kryptogramm wurde nach der Playfair-Methode und mit dem Schlüsselwort WHISKY chiffriert:
YMJKI SW JCHWGM ZAFO ACHHZJT
Können Sie die Botschaft entschlüsseln?

2. Die folgende Botschaft wurde mit dem zweigespaltenen Code von Delastelle und dem Schlüsselwort INVENCIBLE chiffriert.
KBDEGHTXPO
Was steht da?

3. Fällt Ihnen etwas Merkwürdiges in den Spalten des Codice Baravelli auf? Haben Sie nicht den Eindruck, daß die Codenummern etwas kurz sind? Was geschieht, wenn auf einer anderen Seite die Codenummer 06 auch dem RE (König) und nicht nur dem CONTADINO (»Bauern«) gilt? Wie würden Sie dieses Problem lösen?

*(Lösungen auf Seite 126)*

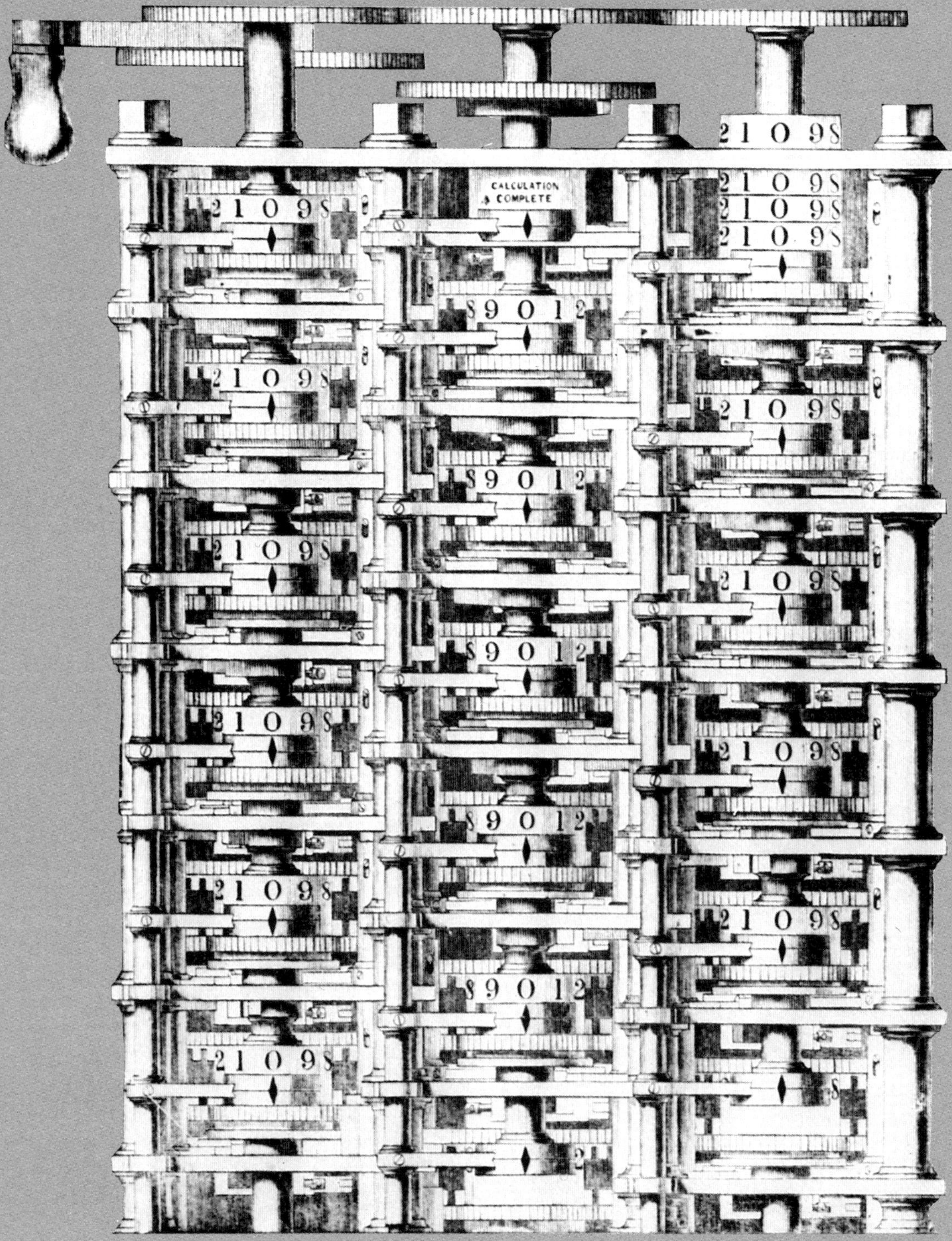
CALCULATION COMPLETE

# 11 Mechanische Kryptographie

Einige polygraphische Chiffren, die wir im 9. Kapitel dargestellt haben, etwa die Delastelle-Chiffre, stellen das Maximum an Kompliziertheit dar, das noch »von Hand«, d. h. mit Papier und Bleistift zu bewältigen ist. Nun ist der Augenblick gekommen, von der mechanischen Kryptographie zu sprechen.

**Das Maschinenzeitalter**

In der zweiten Hälfte des 18. Jahrhunderts begann die industrielle Revolution. Die Leidenschaft für die Maschinen war nicht nur durch praktische Bedürfnisse gegeben, sondern sie wurde zu einer Art philosophischer Haltung.

Das Emblem der neuen »Technologie« war wohl der berühmte mechanische Webstuhl des Franzosen Joseph-Marie Jacquard (1752–1834). Er arbeitete mit Lochkarten, was eine Automatisierung sehr komplexer Operationen ermöglichte. Gegen 1820 begann der englische Mathematiker Charles Babbage mit der Planung seiner »analytical engine«, einer mächtigen mechanischen Rechenanlage mit Lochkarten. Sie war die Vorläuferin unserer heutigen Elektronenrechner. »Diese analytische Maschine webt algebraische Figuren, wie der Jacquard-Webstuhl Blüten und Blätter darstellt«, schrieb eine Kommentatorin jener Zeit, nämlich Lady Lovelace, die Tochter des englischen Dichters Byron. Wegen der enormen Komplexität stellte Charles Babbage allerdings seine Maschine nie fertig.

Obschon der Rechner von Babbage unvollendet und der Traum eines Visionärs blieb, hatten andere Maschinen sofort Erfolg. Grundlegend war zum Beispiel die Erfindung des elektrischen Telegraphen, welcher auf die des Flügeltelegraphen des Claude Chappe folgte. Diese Entwicklung übte einen entscheidenden Einfluß auf die Kryptographie aus. Im Jahr 1835 legte Samuel Morse der Columbia University seinen Code vor. Acht Jahre später eröffneten die Engländer die erste Telegraphenlinie. Sie war ungefähr dreißig Kilometer lang und führte von Paddington, einem Vorort von London, nach Slough nahe beim Schloß Windsor. Die Kuriere auf Pferden oder Kutschen gehörten nun langsam der Vergangenheit an.

Die Entwicklung der Kommunikationstechnik beeinflußte auch in entscheidendem Maße die Kriegstechnik: Militärische Operationen konnten nun von ferne kontrolliert werden. Auch ein anderer Faktor spielte hier eine Rolle: Die kleinen Heere bezahlter Söldner wurden

*Dieser Holzschnitt stammt aus dem Buch des englischen Mathematikers Charles Babbage mit dem Titel »Passages from the Life of a Philosopher«. Er stellt die »Difference Engine No. 1« dar, die erste Rechenmaschine. Babbage hatte 1823 mit der Konstruktion begonnen, sie jedoch nie zu Ende geführt.*

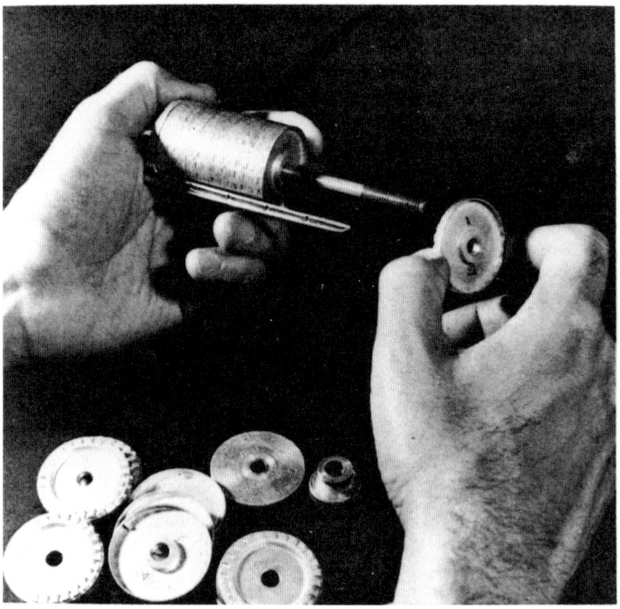

*Die Jefferson-Walze in der Variante mit 25 Scheiben, wie sie die Armee der Vereinigten Staaten verwendete.*

durch nationale Armeen ersetzt, in denen sehr viele Männer dienten – man denke beispielsweise an die Heere Napoleons! Die Kriegsfronten verbreiterten sich, und die Kommunikation wurde dadurch immer wichtiger.
Die Geschichte der Kryptographie verlief nun parallel zur Geschichte der Fernmeldetechnik oder Telekommunikation. Die Etappen sind uns wohlbekannt. In den sechziger und siebziger Jahren des vorigen Jahrhunderts wurde das Telefon entwickelt. Eine weitere wichtige Erfindung geht noch auf die letzten Jahre des 19. Jahrhunderts zurück: 1896 patentierte Guglielmo Marconi, der damals etwas mehr als zwanzig Jahre alt war, in Großbritannien seine drahtlose Telegraphie. Der Telegraph, das Radio und die Elektronenrechner, die Charles Babbage nur als Vision gesehen hatte, stellen grundlegende Etappen in der Geschichte unserer modernen Gesellschaft dar. Heute ist die Telekommunikation und die Automatisierung oder Datenverarbeitung zu einem Netz zusammengewachsen. Man kann in diesem Zusammenhang auch von electronic mailing oder Telematik sprechen. Die industrielle Revolution hatte auch direktere Auswirkungen auf die Kryptographie. Man begann, die Verschlüsselung und Entschlüsselung zu mechanisieren und Automaten anzuvertrauen. Das typische Element der Chiffriermaschinen bis zum Zweiten Weltkrieg war der Rotor.

### Die Jefferson-Walze und der Zylinder von Bazéries

Die erste Chiffriermaschine, die wir hier beschreiben, ist ziemlich alt: Sie entstand im letzten Jahrzehnt des 18. Jahrhunderts, ungefähr zur selben Zeit wie der Webstuhl von Jacquard. Der Erfinder war Thomas Jefferson (1743–1826), Autor der Unabhängigkeitserklärung der Vereinigten Staaten von Amerika im Jahr 1776 und deren erster Außenminister. 1801 wurde er zum dritten Präsident der USA gewählt. Er widmete sich vor allem der Agrarpolitik und befürwortete eine Isolierung von Europa. Merkwürdigerweise benützte Jefferson seine eigene Erfindung nicht, sondern verwendete für seine kryptographischen Bedürfnisse, die beträchtlich sein mußten, viel ältere Systeme. Tatsächlich geriet die Erfindung des berühmten Amerikaners völlig in Vergessenheit, so daß 1890 die unentzifferbare Etienne Bazéries dieselbe Maschine noch einmal erfand. Die Vereinigten Staaten benützten die Jefferson-Walze im Jahr 1922 – wenn auch nur auf niedrigem Niveau – und im Zweiten Weltkrieg, gelegentlich sogar noch in der Zeit unmittelbar danach.

Die Jefferson-Walze besteht aus 36 gleichen Scheiben, die auf einer Achse drehbar gelagert sind. Auf dem Außenrand einer jeden Scheibe stehen die 26 Buchstaben des Alphabets, alle im selben Abstand voneinander. Die Aufeinanderfolge der Buchstaben entspricht jedoch nicht dem Alphabet und ist unterschiedlich je nach Scheibe.
Der Klartext wird in Blöcken zu je 36 Buchstaben verschlüsselt. Wenn am Ende der Botschaft diese Zahl nicht erreicht wird, muß man zusätzliche Buchstaben einfügen. Der Schlüssel ist eine Zahl von 1 bis 25. Nehmen wir an, der erste Block des Klartextes lautet DR FRANKLIN HAS INVENTED THE LIGHTNING ROD (= »Dr. Franklin hat den Blitzableiter erfunden«). Als Schlüssel gilt hier die Zahl 15. Auf einer Zeile – es spielt keine Rolle, welche es ist – schreiben wir den Klartext. Das entsprechende Kryptogramm lesen wir dann auf der 15. Zeile nach der Zeile ab, die den Klartext enthält. Die Regel zur Entschlüsselung liegt damit auf der Hand.
Unten rechts ist der Zylinder von Bazéries abgebildet, der nur über zwanzig Scheiben verfügt. Der Klartext lautet

JE SUIS INDECHIFFRABLE

Er ist das Motto von Bazéries. Mit der Schlüsselzahl 3 muß man drei Zeilen weiter nach unten gehen und erhält dann das Kryptogramm:

MUXRNPCRSRRNMKKUDGFC

Auf der Grundlage des Prinzips von Kerckhoffs über die strategische Kryptographie weist die Jefferson-Walze einen klaren Nachteil auf: Es gibt nur 25 Schlüssel, und wenn die Walze in die Hände des Feindes gerät, kann dieser die Kryptogramme sofort entziffern. Die Jefferson-Walze ist vom mechanischen Standpunkt aus nicht sehr kompliziert. Genau das Gegenteil gilt für die nächsten Maschinen. Sie beruhen auf drehenden Elementen.

**Das Rotorprinzip und die Chiffriermaschinen**

Auf der Seite 98 ist eine der bekanntesten Chiffriermaschinen des Zweiten Weltkriegs abgebildet, die »Enigma«. Eigentlich müßte sie einen schlechten Ruf genießen, denn das Chiffriersystem wurde schließlich geknackt. Dennoch stellt sie eine repräsentative Vertreterin einer Gruppe von Rotor-Schlüsselmaschinen dar, die in der ersten Hälfte unseres Jahrhunderts verwendet wurden, bis die Elektronik die herkömmliche Kryptographie ganz auf den Kopf stellte.
Das grundlegende Element dieser Chiffriermaschine ist der Rotor, also eine Scheibe, die auf einer Achse drehbar gelagert ist, ähnlich wie im Zylinder von Jefferson. Diesmal handelt es sich jedoch um eine elektromechanische und nicht nur um eine rein mechanische Maschine. Jeder Rotor (siehe die Abbildung S. 98 unten) verfügt über 26 elektrische Kontakte auf der einen Seite und ebensoviele Kontakte auf der anderen Seite. Diese befinden

*Der amerikanische Präsident Thomas Jefferson (1743–1826). Wir können ihn zu Recht nicht nur als den »Vater der Demokratie«, sondern auch den »Vater der amerikanischen Kryptographie« bezeichnen.*

*Der Zylinder von Bazéries besaß im Unterschied zur Jefferson-Walze nur zwanzig Scheiben.*

*Rechts ist die »Enigma« abgebildet. Sie gehört zu den berühmtesten Chiffriermaschinen und wurde von den Deutschen während des Zweiten Weltkrieges verwendet. Im Bild unten zwei Rotoren mit den Kontakten auf der Eingabeseite. Ebenso viele Kontakte befinden sich auf der Ausgabeseite. In der Spalte rechts davon oben eine Walze mit vier Rotoren (1, 2, 3, 4) und davor ein Stator (S). Darunter die Eingabeseite des Stators S, die gleich gestaltet ist wie die Ausgabeseite des Rotors 4.*

sich im selben Abstand voneinander und vom Zentrum. Die Kontakte sind untereinander auf unregelmäßige Weise miteinander verbunden. Auf jeden Fall entspricht jedem Kontakt der Vorderseite ein und nur ein Kontakt auf der Rückseite des Rotors.

Nehmen wir der Einfachheit halber an, es seien vier freie Rotoren (Zeichnung oben rechts) vorhanden, und vor ihnen befände sich ein Stator, d. h. ein fixer Rotor. Die Kontakte auf der linken Seite (»Eingabe«) des Stators und die Kontakte auf der rechten Seite (»Ausgabe«) des letzten Rotors zeigen die 26 Buchstaben des Alphabets (Zeichnung unten) aufgezeichnet. Die freien Rotoren drehen sich ruckweise in der von den Pfeilen angegebenen Richtung. Jede Bewegung entspricht einem Sechsundzwanzigstel einer ganzen Drehung. Nach jedem Ruck berühren die Kontakte der Ausgabeseiten jedes Rotors die Kontakte der Eingabeseiten des darauffolgenden Rotors.

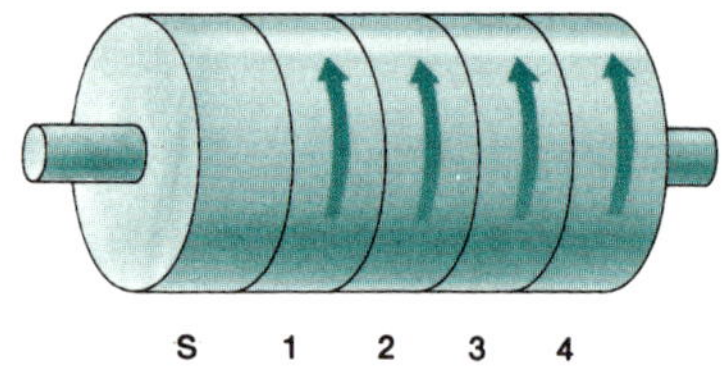


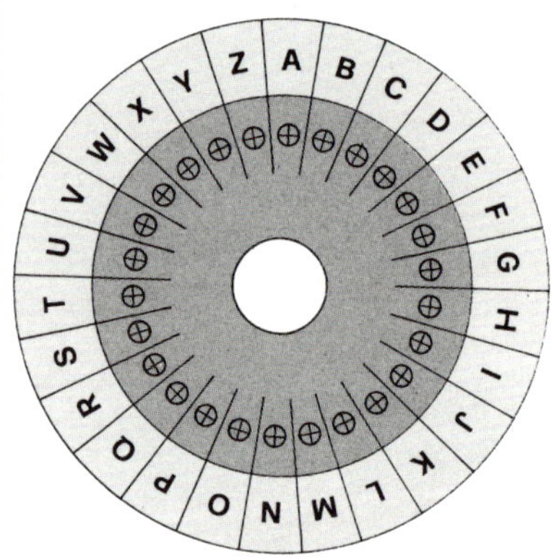


Angenommen, wir müßten ein M des Klartextes verschlüsseln. Dieses M wird in den Stator eingegeben und erregt den mit M gekennzeichneten Kontakt. Der Stromimpuls durchquert die ganze Reihe der Rotoren und wird auf der rechten Seite des letzten Rotors ausgegeben. Auf diese Weise wird ein Buchstabe bestimmt, sagen wir ein L. Das L entspricht also dem Kryptogramm (Zeichnung auf S. 99 oben).

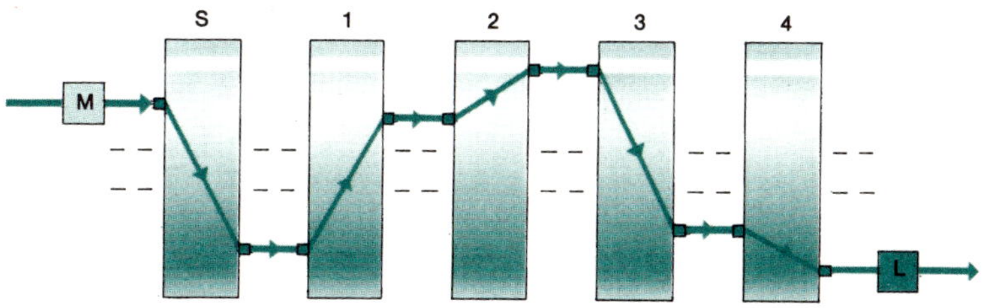


*Ein Beispiel für die Verschlüsselung: Der Buchstabe M »durchquert« die Rotoren und wird mehrere Male substituiert. Am Ende erscheint als Chiffre ein L.*

Wenn sich die Rotoren – nicht drehen würden, so könnte man die Chiffrierung mit einem einzigen fixen Rotor (oder Stator) durchführen. Dem entspräche eine Substitution von der Art, wie wir sie im zweiten Kapitel für die Verschlüsselung des Wortes CHAOS verwendet haben. Wir hätten damit ein einfaches monoalphabetisches Chiffrierverfahren, das leicht zu knacken wäre, wie wir wohl wissen. Nun haben wir hier aber frei drehbare Rotoren. Jedesmal, wenn ein Buchstabe verschlüsselt wurde, drehen sich einer oder mehrere Rotoren um eine Stellung (eine Sechsundzwanzigsteldrehung) im angegebenen Sinn weiter. Der Mechanismus ist nun der folgende: Der Rotor 1 dreht sich jedesmal um ein Sechsundzwanzigstel. Jedesmal, wenn er eine vollständige Drehung durchgeführt hat, dreht sich auch der Rotor 2 um eine Stellung weiter. Jedesmal wenn der Rotor 2 eine vollständige Drehung durchgeführt hat, dreht sich der Rotor 3 um eine Stellung weiter usw. Das bedeutet, daß sich der Rotor 2 beim 26. Stellungswechsel des Rotors 1 weiterbewegt, ferner beim $2 \times 26 = 52$sten Stellungswechsel, beim $3 \times 26 = 78$sten Stellungswechsel usw. Der Rotor 3 bewegt sich beim 26. Stellungswechsel des Rotors 2, d.h. beim $26 \times 26 = 676$sten Stellungswechsel des Rotors 1, ferner beim $2 \times 676 = 1352$sten Stellungswechsel des Rotors 1, ferner beim $3 \times 676 = 2028$sten Stellungswechsel usw. Vier freie Rotoren erreichen die anfängliche Konfiguration nach $26 \times 26 \times 26 \times 26 \times = 26^4 =$ 456.976 Stellungswechseln. Bei fünf freien Rotoren wären fast zwölf Millionen Stellungswechsel notwendig ($26^5$ = 11.881.376). Wären sechs Rotoren vorhanden, stiege die Zahl auf über 300 Millionen ($26^6$ = 308.915.776), bei sieben Rotoren auf über acht Milliarden ($26^7$ = 8.031.810.176) usw.

Unsere Maschine liefert uns also eine Chiffre mit polyalphabetischer Substitution und derart hoher Periode, daß man geradezu den Eindruck bekommen könnte, es handele sich um einen nicht zu knackenden Code. Dem ist aber nicht so: Der Name »Enigma« ist mit einem der größten kryptanalytischen Triumphe der alliierten Geheimdienste während des Zweiten Weltkrieges verbunden. Man muß allerdings zugeben, daß die Entzifferung von einigen Fehlern der deutschen Kryptographen erleichtert wurde. Die »Enigma« selbst verdient allerdings unseren größten Respekt.

Eine Analyse der Struktur des Schlüssels der »Enigma« gibt uns eine genauere Vorstellung davon, welchen kryptanalytischen Problemen sich die englische und die polnische Gegenspionage gegenübersah. Die Polen hatten übrigens

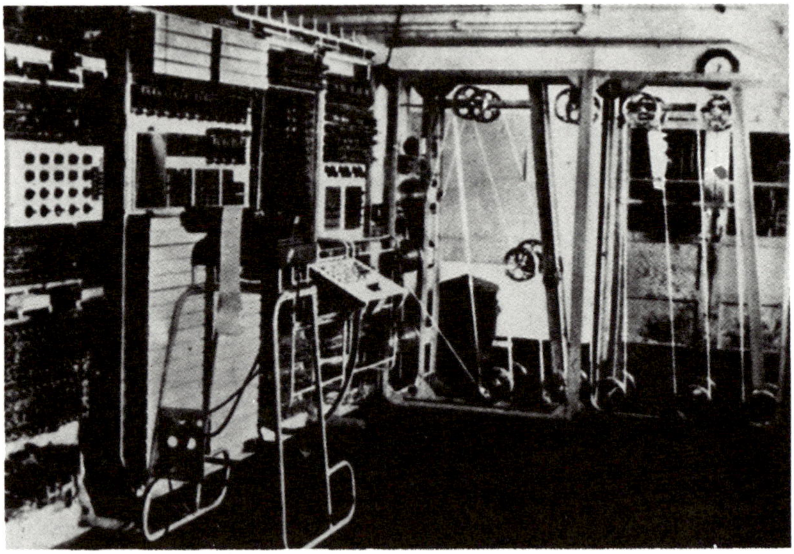

*Im Jahre 1943 realisierten die Engländer den »Colossus«, der es erlaubte, die geheimsten Chiffren der Deutschen zu knacken.*

schon vor den Engländern mit der Analyse der »Enigma« begonnen, mußten dann aber ihr Land verlassen und gingen nach London.
Der Schlüssel der »Enigma« wird vor der inneren Struktur der Rotoren und ihrer Anfangsstellung bestimmt. Bei den Modellen, die das deutsche Heer verwendete, gab es

*Die erste Chiffriermaschine nach dem Rotorprinzip, erfunden von Edward Hebern. Sie erhielt im Jahr 1921 ein Patent.*

neun verschiedene Rotortypen; bei der Marine waren es nur vier Typen. Sie mußten häufig ersetzt werden, um zu verhindern, daß den feindlichen Kryptanalytikern nützliche Hinweise in die Hände gegeben wurden. Es ist wohl der Hinweis unnötig, daß die »Enigma« weit über den bisherigen kryptanalytischen Methoden mit Papier und Bleistift stand. Um den Code zu knacken, verwendeten die Engländer riesenhafte Rechenmaschinen, die sie »Colossus« nannten. Wir können sie als Vorläufer der heutigen Elektronenrechner betrachten. Übrigens werden einige Details der Entzifferung bis auf den heutigen Tag geheimgehalten!
Einige Historiker meinen, das Jahr 1943, in dem die Colossus-Maschinen zu arbeiten begannen, sei das Geburtsjahr der Informatik. Wahrscheinlich muß man dieses Datum aber um einige Jahre vorverschieben wegen der genialen elektronischen Maschinen, die der Deutsche

Konrad Zuse seit 1936 geplant und gebaut hatte. Die englische Gegenspionage, die an der Entschlüsselung der »Enigma« beteiligt war, hat ihren Sitz in Bletchley Park in Buckinghamshire. Zu ihr gehörte auch Alan Turing (1912–1954), einer der berühmtesten Mathematiker unseres Jahrhunderts. Er gehört zu den Gründern der theoretischen Informatik. Turing führte außergewöhnlich raffinierte und tiefgreifende Forschungen über das logisch-mathematische Konzept der Berechenbarkeit durch. Er schlug ein Instrument zur Lösung des Problems vor; wir bezeichnen es heute als Turing-Maschine. Doch lassen Sie sich davon nicht in die Irre führen! Die Turing-Maschinen haben nichts mit dem »Colossus« zu tun, sie verfügen weder über Röhren noch über Transistoren oder integrierte Schaltkreise (wie die Rechner der ersten, der zweiten und der dritten Generation). Turing-Maschinen sind rein abstrakt und »ideal«, und sie existierten nur im Kopf von Turing und anderer Logiker.

Auf der gegenüberliegenden Seite unten ist eine der ersten Chiffriermaschinen nach dem Rotorprinzip dargestellt. Sie geht auf den Kalifornier Edward Hebern zurück, der sie 1921 patentieren ließ. Richtige Juwelen der mechanischen Kryptographie sind die Maschinen, die Boris Hagelin konstruierte. Im Jahr 1927 hatte er eine Firma gegründet, die kryptographisches Material produzierte und die heute noch existiert, auch wenn die Rotoren längst im Museum für Naturwissenschaften gelandet sind.
Um sich vorzustellen, wie sich die Zeiten geändert haben, muß man sich nur in Erinnerung rufen, daß die »Enigma« einen großen Nachteil aufwies: Sie besaß keinen Drucker. Die Ergebnisse leuchteten auf einer Tastatur auf, Buchstabe für Buchstabe, und jemand mußte sie von Hand auf ein Stück Papier schreiben. Ein elektromechanischer Drucker hätte die Maschine zu einem Ungetüm werden lassen. Mit solchen Problemen wird die heutige Technik spielend leicht fertig.

*Der englische Mathematiker Alan Turing (1912–1954), der vor allem für seine Beiträge über die Logik und die Automatentheorie bekannt geworden ist.*

## *Übungen*

1. Nehmen wir für einen Augenblick an, wir müßten uns mit einer billigen Version der »Enigma« begnügen, die nur aus einem Stator und einem Rotor besteht. Meinen Sie nicht auch, daß dieses Chiffriersystem schon Jahrhunderte alt ist? In Deutschland tatsächlich ...

2. Wir nehmen an, wir besäßen eine Maschine vom Typ der »Enigma«, die für ein Alphabet mit 21 Buchstaben wie das lateinische oder italienische konstruiert ist. Wie viele Rotoren sind notwendig, damit die Periode größer ist als die einer Maschine mit vier freien Rotoren, welche das internationale Alphabet von 26 Buchstaben verwendet?

*(Lösungen auf Seite 127)*

# 12 Zusammengesetzte Schlüssel

*Das Bild zeigt die Schlußphase der Projektierung eines integrierten Schaltkreises. Die Zeichner arbeiten an einem Modell, das dann fotografisch viele tausend Male verkleinert wird.*

Wir haben nun schon verschiedene Verfahren kennengelernt, mit denen man einen Geheimcode sicherer machen kann. Man kann zum Beispiel von der monoalphabetischen auf die polygraphischen Substitutionen übergehen, man kann gleichlautende Buchstaben und Einschiebsel verwenden usw. Ein Chiffriersystem zu verbessern, geht jedoch nicht ohne Aufwand.

**Kryptogramme von Kryptogrammen**

Oft greifen die Kryptographen auf die Überschlüsselung zurück. Schon Graf Sandorf hatte sich ihrer bedient. Diese Idee führt uns direkt zu den zusammengesetzten Chiffren: Der bereits chiffrierte Text wird nach einem neuen System ein zweites Mal verschlüsselt.

Die gesamte Chiffre besteht also aus den beiden Teilchiffren S1 und S2, die hintereinandergeschaltet sind. Natürlich kann man nicht nur zwei, sondern sehr viel mehr Chiffren hintereinanderschalten. An einem bestimmten Punkt muß man jedoch damit aufhören, weil das gesamte Chiffriersystem dann sehr komplex wird, so daß kein Verhältnis mehr besteht zwischen dem Aufwand und dem Sicherheitsbedürfnis, das es zu befriedigen gilt. Nun verspüren aber die Kryptographen den Ehrgeiz, ein System zu konstruieren, dessen Sicherheit dem Produkt der Sicherheit der beiden Teilchiffren entspricht. Diese Aussage ist allerdings zu vage: Versuchen wir, es uns mit einem Beispiel verständlich zu machen.

Beginnen wir aber zunächst mit einem Gegenbeispiel. Es zeigt uns, daß eine Erhöhung der Komplexität sich nicht immer auszahlt. Nehmen wir an, die Teilchiffren S1 und S2 seien beide Rotationschiffren; die beiden Teilschlüssel seien die Buchstaben D und F. Die Botschaft in Klartext lautet ALEA IACTA EST. Mit dem D verschlüsselt ergibt sich, wie wir bereits gesehen haben, DOHD MDFAD HXA (wir verwenden das lateinische Alphabet mit 21 Buchstaben). Nach der Überschlüsselung ergibt sich hingegen das definitive Kryptogramm ITNI FILFI NEF. Wir haben die doppelte Zeit aufgewendet, doch der Leser wird schon gemerkt haben, daß wir dabei sehr dumm vorgegangen sind! Die erste Rotation überführte das A zu einem D, die zweite machte aus dem D ein I.

In diesem Fall hätten wir auch eine einzige Chiffre mit dem Schlüssel I verwenden können und hätten keine wertvolle Zeit verloren. Die

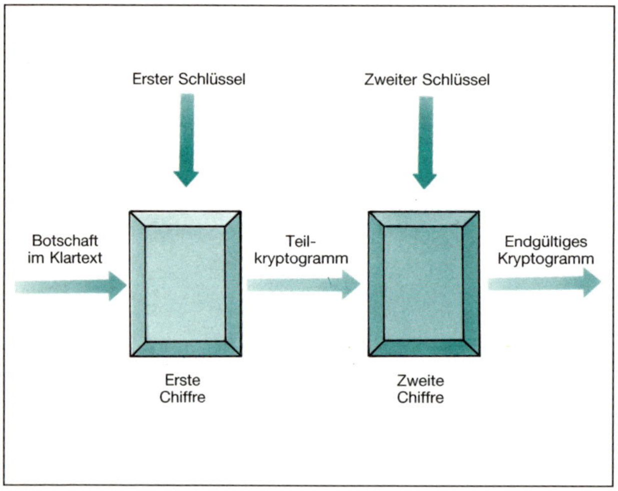


*Eine zusammengesetzte Chiffre mit zwei Teilchiffren. Achtung: Nicht immer führt die Verknüpfung mehrerer Teilchiffren hintereinander zu einem wirklich sinnvollen und befriedigenden System!*

Verdoppelung der Komplexität führt also zu keinem Vorteil. Der Grad der Sicherheit blieb derselbe, übrigens ziemlich niedrig wie bei den Rotationschiffren. Man muß hier sehr aufmerksam sein: Dieses Mal lagen die Dinge auf der Hand, doch das ist nicht immer so.

Kehren wir zum modernen Alphabet und zu einem besser geglückten Beispiel zurück. Die beiden Teilchiffren sind Vigenère-Chiffren. Die erste mit dem Schlüsselwort ROI (= »König«), die zweite mit dem Schlüsselwort DAUPHIN (= »Delphin«, »Kronprinz«). Der Leser wird schon ahnen, daß die zusammengesetzte Chiffre einer Vigenère-Chiffre ähnelt ... Doch wie lautet das Schlüsselwort? Um es herauszufinden, wiederholen wir hier die Teilschlüssel und schreiben sie übereinander:

Die dritte Zeile erhielten wir, indem wir ROIROIROI ... als Klartext und DAUPHIN als Schlüsselwort nahmen. An der Stelle des Kryptogramms ergab sich das nichtssagende »Wort« UOCGVQERILDPZBLRIXYWV. Das bedeutet, daß unsere zusammengesetzte Chiffre wie eine einzige Vigenère-Chiffre mit diesem monströsen Schlüsselwort aus 21 Buchstaben funktioniert. Die beiden Teilschlüssel haben eine Länge von 3+7=10 Buchstaben, während das Schlüsselwort der zusammengesetzten Chiffre 3 × 7 = 21 Buchstaben lang ist. Überdies handelt es sich um ein sinnloses, unaussprechliches Wort. Leider trifft es nicht immer zu, daß die Kombination zweier Vigenère-Chiffren eine weitere Vigenère-Chiffre ergibt, deren Schlüsselwort dem Produkt der Buchstabenzahlen der beiden Teilschlüsselwörter entspricht. Um sich davon zu überzeugen, soll der Leser die beiden Schlüselwörter ROI und SOLEIL = »Sonne« verwenden:

ROIROI ROIROI ROI ...

SOLEIL SOLEIL SOL ...

JCTVWT JCTVWT JCT ...

In der dritten Zeile taucht ein »Schlüsselwort« auf, das anstelle von 3×6=18 Buchstaben nur deren sechs aufweist. Das richtige »Theorem« lautet in Wirklichkeit folgendermaßen: Die Kombination zweier Vigenère-Chiffren

ROIROIROIROIROIROIROI ROIROIROI ...

DAUPHINDAUPHINDAUPHIN DAUPHINDA ...

UOCGVQERILDPZBLRIXYWV UOCGVQERI ...

mit Schlüsselwörtern, die N und M Buchstaben lang sind (im letzten Beispiel N = 3, M = 6), ergibt eine einzige Vigenère-Chiffre, deren Schlüsselwort, von ein paar Ausnahmen abgesehen, so viele Buchstaben aufweist, wie dem geringsten gemeinsamen Vielfachen der Zahl N und M entspricht.
Die Formulierung »von Ausnahmen abgesehen« bedeutet, daß mit etwas Pech es tatsächlich geschehen kann, daß sich am Ende Schlüsselwörter wie PAPA oder BARBAR ergeben. Vom praktischen Gesichtspunkt aus gesehen sind diese aber nur halb so lang (PA, BAR).

**Blockchiffrierung**
Unter den zusammengesetzten Chiffren sind jene von großem Interesse, die von Substitutionen und Transpositionen Gebrauch machen. Man könnte zum Beispiel drei Chiffren hintereinanderschalten, die erste von Vigenère, die zweite eine spaltenweise Transposition, die dritte wieder von Vigenère. Solche kombinierten Chiffren mit Substitutionen und Transpositionen gibt es heute noch, auch wenn die Computer derart komplexe Chiffren verarbeiten können, daß es nicht immer leichtfällt, die Natur der Teilchiffren zu erkennen. Unter diesen kombinierten Chiffren ist die Blockchiffrierung am berühmtesten. Sie stammt von der Firma IBM (International Business Machines) und wird von ihr als Data Encryption Standard (abgekürzt DES) bezeichnet. Es handelt sich um ein kommerzielles Produkt, das sich auf dem kryptographischen Markt recht gut verkauft. Die Firma macht dafür auch viel Werbung. Im Kapitel über das Prinzip von Kerckhoffs haben wir bereits darauf hingewiesen, daß die Funktionsweise dieser Blockchiffrierung bis in die winzigsten Details in jedermann zugänglichen Unterlagen geschrieben sind. Lustig ist diese Lektüre allerdings nicht, höchstens für professionelle Kryptographen. Die Vertraulichkeit beruht ausschließlich auf dem Schlüssel. Die Blockchiffrierung verfügt über $2^{56}$ Schlüssel. Diese mathematische Abkürzung bedeutet, daß die 2 56mal mit sich selbst multipliziert werden muß. Der Leser kann selber nachprüfen, daß das Ergebnis aus siebzehn Ziffern besteht.

**Die Vigenère-Chiffre mal binär**
Einige Kapitel zuvor haben wir dem Leser einen keineswegs geheimen Code vorgestellt, den ASCII. Mit ihm kann man Texte in normaler Sprache in eine binäre Form übersetzen. Der ASCII verwendet dabei ein Alphabet, das aus den beiden »Buchstaben« (oder besser binären Ziffern oder Bits) 0 und 1 besteht. Wir haben auch den »verkürzten« ASCII verwendet, bei dem nur die Großbuchstaben gelten: Die Codenummern erhält man ausgehend von denen des ASCII dadurch, indem man die ersten drei Ziffern wegläßt. Das binäre Alphabet ist das der Computer. Jetzt kommen wir nicht mehr ohne diese binäre Darstellung aus, weil wir die Kryptographie der Rotoren und überhaupt die ganze historische Kryptographie hinter uns gelassen haben. Auch die Blockchiffrierung ist ein Code vom binären Typ. Der Klartext, der Schlüssel und das Kryptogramm bestehen aus Aufeinanderfolgen der Bits 0 und 1. Das bedeutet, daß eine normalsprachliche Botschaft zuerst in ASCII übersetzt und erst dann vom DES chiffriert werden muß. Natürlich geschieht dies automatisch.
Die Blockchiffrierung ist äußerst

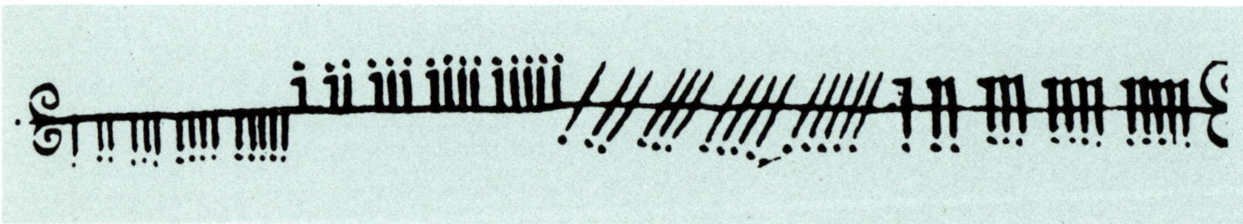

*Eine kryptographische Variante der zwanzig Buchstaben des Ogam-Alphabets: Jede setzt sich aus 1 bis 5 Strichen zusammen, die ober- oder unterhalb einer waagrechten Linie geschrieben werden.*

kompliziert. Wir beschränken uns hier darauf, eine binäre Variante der Vigenère-Chiffre zu beschreiben. Es besteht kein Grund zur Aufregung: Im Vergleich zur normalen Vigenère-Chiffre verändert sich nur das Alphabet, das sich von 26 auf 2 »Buchstaben« reduziert. Die Logik des Systems bleibt davon unberührt. Nehmen wir an, wir müßten die folgende Botschaft in Klartext übersetzen:

00011 01111 01101 00101 10011 01111 01110

Haben Sie die Botschaft COME SOON (= »komm sofort«) in der verkürzten ASCII erkannt?
Nehmen wir nun an, das Schlüsselwort lautet

11001 00101 10011

(Es sieht weniger schlimm aus, als es ist, verwenden Sie wiederum den verkürzten ASCII). Die Vigenère-Tafel in der binären Variante fällt angesichts der wenigen verfügbaren »Buchstaben« sehr klein aus.
Und hier die Verschlüsselung: Die Logik der Vigenère-Chiffre hat sich nicht verändert, nur das Alphabet ist anders geworden:

*Eine binäre Vigenère-Tafel. Obwohl sie mickrig aussieht, bildet sie doch die Grundlage eines Chiffriersystems, das man als perfekt bezeichnen kann. Es wurde nämlich mit mathematischer Genauigkeit bewiesen, daß es nicht geknackt werden kann. Es handelt sich um den sogenannten On-time pad oder Zahlenwurm.*

| Bit des Schlüssels \ Bit im Klartext | 0 | 1 |
|---|---|---|
| 0 | 0 | 1 |
| 1 | 1 | 0 |

Der Leser wird bemerkt haben, daß die Chiffreregel ganz einfach ist: Lautet das Bit des Schlüssels 0 (erste Zeile der Tafel), so stimmen das Bit des Klartextes mit dem Bit des Kryptogramms überein. Lautet das Bit des Schlüssels 1 (zweite Zeile), so sind die beiden Bits des Klartextes und des Kryptogramms verschieden. Mit dieser Regel kann man auch zur Entschlüsselung schreiten: Die Tafel – oder genauer gesagt: das Täfelchen – können wir vergessen. Um Mißverständnisse zu vermeiden, sei noch einmal betont, daß der Klartext, der chiffriert werden muß, der binären Sequenz in ASCII des englischen Satzes COME SOON entspricht. Die vierzig »Buchstaben«, die den Klartext ausmachen, sind nichts anderes als wenig poetische Bits.
Das binäre Alphabet ist sehr viel älter, als man glauben könnte. Experten haben binäre Zeichen bereits in der keltischen Ogam-Schrift ausgemacht. Diese wurde in den ersten Jahrhunderten n. Chr. in Irland oft zu kryptographischen Zwecken verwendet und kam später auch nach Schottland.

| | | | | | | | | |
|---|---|---|---|---|---|---|---|---|
| Botschaft | 00011 | 01111 | 01101 | 00101 | 10011 | 01111 | 01111 | 01110 |
| Schlüssel (=YES) | 11001 | 00101 | 10011 | 11001 | 00101 | 10011 | 11001 | 00101 |
| Kryptogramm | 11010 | 01010 | 11110 | 11100 | 10110 | 11100 | 10110 | 01011 |

## *Übungen*

1. Was geschieht, wenn man eine normale monoalphabetische Chiffre mit einer homophonen Chiffre kombiniert, die als zusätzliche Symbole die vier Farben der Spielkarten verwendet?

2. Ist es eine gute Idee, eine zusammengesetzte Chiffre wie in der Übung 1 zu verwenden?

3. Wie wir wissen, ist es vergebene Liebesmüh, zweimal dieselbe Situation anzuwenden. Da kann man gleichzeitig eine einzige Substitution durchführen! Es kann aber noch schlimmer kommen: Wenn die Substitution von einem ganz bestimmten Typ ist, den Sie herausfinden sollten, so kommt es zu einer Katastrophe . . . Kommt Ihnen nichts in den Sinn? Denken Sie an gewisse »ökonomische« Substitutionen, die wir in den Übungen zum zweiten Kapitel beschrieben haben.

4. Die Zickzackchiffre ist eine äußerst einfache Transposition: Man schreibt die Botschaft auf zwei Zeilen und läßt die Buchstaben wie im Schema unten dargestellt aufeinander folgen (Leerstellen werden dabei nicht berücksichtigt:

D A S I S T K E I N E
DUSESHKFIREGATICTIEFNE
G U T E C H I F F R E

Wie wir sehen, läßt das Kryptogramm die Bedeutung des Klartextes noch teilweise erahnen. Um dem abzuhelfen, entscheidet ein unerfahrener Kryptograph, die Zickzackchiffre ein zweites Mal anzuwenden. Was geschieht?

5. Die bisherigen Beispiele haben gezeigt, daß es risikoreich ist, Transpositionschiffren miteinander zu kombinieren. Dasselbe gilt für reine Substitutionschiffren. Am besten ist es, man wechselt zwischen Substitutionen und Transpositionen ab, wie dies bei der Blockchiffrierung DES geschieht. Kommt Ihnen eine französische Chiffrierung in den Sinn, die dieses Prinzip befolgt? Es handelt sich um eine hundert Jahre alte Chiffre, deren erste Komponente bereits 2000 Jahre alt ist.

*(Lösungen auf Seite 127)*

# 13 Eine perfekte Chiffre

Für eine Weile wollen wir nun die Kryptographie verlassen und etwas mit einer Geldmünze spielen. Was wir im Sinn haben, wird viel ernsthafter sein, als man sich zunächst denken mag: Wir spielen nämlich um die vollkommene, nicht zu knackende Chiffre!

Nehmen wir ein Geldstück zur Hand, zum Beispiel einen Schweizer Franken. Auf der einen Seite des Frankens ist die Währungseinheit – 1 Fr. – umgrenzt von einer Girlande abgebildet. Die andere Seite zeigt die Dame Helvetia, bewaffnet mit Lanze und Schild; sie stellt die Schweiz dar. Es ist wichtig, daß sich die beiden Seiten der Münze deutlich unterscheiden lassen. Aus Liebe zu den Computern werden wir hier einen besonderen binären Code verwenden.

Nehmen wir also an, der Schweizer Franken habe auf einer Seite eine 1 und auf der anderen eine 0 eingeprägt. Wir haben das Geldstück hundertmal in die Luft geworfen. Und hier sind die Ergebnisse nach der Landung, direkt in binärer Form in Zehnergruppen niedergeschrieben:

0111010111 1010100011 0001000010 0100111100 0110011000
0110110011 1110010111 0110100010 0011010011 0000111001

Wie Sie vielleicht schon erwartet haben, ist die Zahl der Bits mit der Bezeichnung 0 ungefähr gleich der Zahl der Einsen. Die 0 taucht einundfünfzigmal, die 1 neunundvierzigmal auf. Die binäre Sequenz, welche die Ergebnisse unserer Würfe zusammenfaßt, ist ein Beispiel für eine zufällige Zahlenfolge. Jedesmal wurde ein Geldstück in die Luft geworfen, und die Ergebnisse jedes Wurfs waren a priori nicht vorhersehbar. Doch in einer zufälligen Zahlenfolge neigen die Nuller und die Einser dazu, in gleicher Anzahl aufzutreten.

Nehmen wir an, jemand zeige Ihnen eine lange Aufeinanderfolge der Ziffern 1 und 0 und behaupte, er habe sie durch das Werfen einer Münze erhalten. Glauben Sie ihm? Welche Eigenschaften muß eine Zufallssequenz aufweisen? Dieses Problem ist äußerst heikel und hat schon Mathematiker und Philosophen zum Wahnsinn getrieben. Wir wollen uns hier nur dessen bewußt werden, wie kompliziert diese Frage ist. Mit Sicherheit reicht diese Antwort nicht aus: »Eine wahre Zufallssequenz erkennt man

1

0

*Wenn man eine ausgeglichene Münze in die Luft wirft, in unserem Fall einen Schweizer Franken, so ist es theoretisch zwar möglich, daß jedesmal der Kopf erscheint. In Wirklichkeit zeigt sich der Kopf ungefähr bei 50 Prozent aller Fälle. Man spricht in diesem Zusammenhang von der Häufigkeit dieses Ereignisses.*

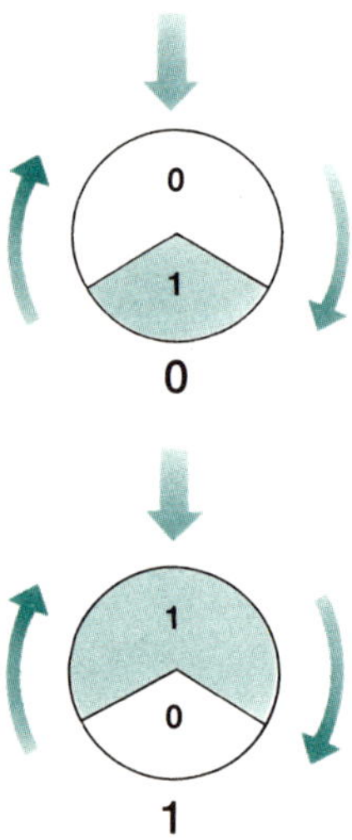


*Solche Glücksräder kann jeder von uns mit ganz geringem Aufwand, etwa Karton und zwei Nadeln selber zu Hause herstellen.*

daran, daß die Zahl der Nullen und der Einsen möglichst ähnlich oder gleich ist.« Es gibt nicht zufallsbedingte Sequenzen, bei denen das Gleichgewicht zwischen den Nullen und den Einsen vollkommen gewahrt ist, zum Beispiel die äußerst regelmäßige Sequenz, die aus fünfzig Ziffern mit dem Wert 0 und fünfzig Ziffern mit dem Wert 1 besteht. (Aber seien Sie beruhigt: Dieses Ergebnis haben wir nicht durch Hochwerfen eines Frankens erhalten. Ein kleines statistisches Teufelchen könnte uns allerdings ins Ohr flüstern, daß selbst diese äußerst regelmäßige Sequenz mit einer Riesenportion Glück durch Münzwurf möglich sein könnte. Dem würde man entgegenhalten: möglich schon, aber in höchstem Maße unwahrscheinlich.) Um der möglichen Regelhaftigkeit der Sequenz auf die Spur zu kommen, muß man nicht die einzelnen Bit, sondern die Paare angrenzender Bits betrachten. Dazu gibt es vier Möglichkeiten: 00, 01, 10, 11. In der kurzen Sequenz 0010101110 tritt das Paar 01 dreimal, das Paar 11 zweimal (Achtung), das Paar 00 einmal und das Paar 10 dreimal auf.
Hier die Ergebnisse für die Münzsequenz und die regelmäßige Sequenz:

doch bleiben wir bei den Paarungen, weil es hier noch viel zu lernen gibt. Die regelmäßige Sequenz war schließlich keine ernstzunehmende Rivalin; sich ihrer zu entledigen, war zu leicht.
Wir schlagen hier nun eine neue Sequenz vor. Sie beruht auf dem Zufall, allerdings in ungenügender Weise. Für das Experiment, das wir im Kopf haben, bräuchten wir eine merkwürdige, sozusagen magische Münze, welche die Neigung hat, eine Seite häufiger zu zeigen als die andere. Leider sind die wirklichen Münzen viel zu ausgeglichen, so daß ein solcher Versuch nicht gelingen kann. Wir verwenden statt dessen zwei Glücksräder, ähnlich wie im Roulette in Monte Carlo. Im Bild links sind, von oben gesehen, zwei Glücksräder dargestellt. Wir haben jedes in zwei Sektoren unterteilt, wobei einer doppelt soviel Fläche einnimmt wie der andere. Beim oberen Rad nimmt die Ziffer 0 zwei Drittel der Fläche ein; beim unteren Rad ist es hingegen die Ziffer 1. Wir haben diesen beiden Rädern zur Unterscheidung je einen Namen gegeben: Das Rad 0 ist das obere, das Rad 1 das untere. Die Räder drehen sich um eine zentrale Achse. Wir versetzen sie in Drehung und schauen, auf welches

| | | | | |
|---|---|---|---|---|
| Schweizer Sequenz: | 00 = 26mal | 01 = 25mal | 10 = 24mal | 11 = 24mal |
| Regelmäßige Sequenz: | 00 = 49mal | 01 = 1mal | 10 = 0mal | 11 = 49mal |

Bei einer wahren Zufallssequenz neigt auch die Anzahl der Paarungen zu einem gemeinsamen Wert. Die regelmäßige Sequenz hingegen ist in dieser Hinsicht ein Desaster. Die Paarung 10 tritt kein einziges Mal auf, das Paar 01 ein einziges Mal, die Paare 00 und 11 je 49mal. An diesem Punkt könnten wir zu den Dreiergruppen übergehen,

Feld der Pfeil nach dem Stillstand des Rades zeigt. Man kann sich solche Räder leicht aus Karton selber basteln.
Und hier die Regeln des Spiels: Bevor wir anfangen, werfen wir den Schweizer Franken in die Höhe. Zeigt er die Seite 0, so beginnen wir mit dem oberen Rad. Zeigt er die Seite 1, so ist erst das Rad 1 an

der Reihe. Jetzt brauchen wir den Franken nicht mehr, sondern spielen nur noch mit den Rädern. Die Grundregel lautet folgendermaßen: Zeigt sich eine 0 (siehe Pfeil), so verwenden wir beim nächsten Spiel das Rad 0, im umgekehrten Fall das Rad 1. Wir haben hundert Experimente durchgeführt. Der Schweizer Franken hat eine 1 gezeigt, und somit begannen wir mit dem Rad 1. Hier die Ergebnisse:

1000000000 0001101110 1111110000 0111110000 1001101111
1111010100 0011100111 0111000101 1110000001 1101110000

Die Spielregeln wurden so gewählt, daß die Ergebnisse eine gewisse »Klebrigkeit« zeigen. Nach einer 0 ist das weitere Auftreten einer 0 wahrscheinlicher. Dasselbe gilt sinngemäß für die 1. Hier die Aufstellung der Einzelergebnisse und der Paarungen:

| | |
|---|---|
| Einzelergebnisse: | 0=50mal |
| | 1=50mal |
| Paarungen: | 00=33mal |
| | 01=16mal |
| | 10=17mal |
| | 11=33mal |

Die Zahl 33 steht mit den Zahlen 16 oder 17 im ungefähren Verhältnis von 2:1.
Ein weiteres Experiment kann uns Interessantes lehren. Dazu vertauschen wir die Rollen der beiden Räder – oder deren Namen. Sonst bleiben die Spielregeln dieselben. Diesesmal zeigt die 0 die Tendenz, von einer 1 gefolgt zu werden und umgekehrt. Die Ergebnisse springen dauernd zwischen 0 und 1 und zwischen 1 und 0 hin und her. Hundert Experimenten ergaben:

1101100101 0101100110 1011010101 0110010010 0110010110
1010001010 1011010001 1000100110 1110110111 1010011010

Diesesmal haben wir den Eindruck, als handele es sich um eine mit der Münze gewonnene Zufallssequenz. Doch die einzelnen Paarungen sprechen eine andere Sprache:

| | |
|---|---|
| Einzelergebnisse: | 0=48mal |
| | 1=52mal |
| Paarungen: | 00=14mal |
| | 01=33mal |
| | 10=34mal |
| | 11=18mal |

An diesem Punkt müssen wir noch einmal zusammenfassen: Wir haben vier binäre Sequenzen mit je 100 Bit betrachtet. Die erste war eine echte Zufallssequenz, die zweite absolut regelmäßig. Die beiden letzten Sequenzen hingegen haben uns zum Nachdenken gebracht. Die eine war »klebrig«, die andere sprang dauernd hin und her. Ohne Zweifel wurden auch sie mit Hilfe des Zufalls erzeugt, weil ja zwei Glücksräder daran beteiligt waren.

**Auch reduzierte Zufälligkeiten gelten**

Es handelt sich jedoch um eine reduzierte Zufälligkeit. Das Ergebnis jedes Experiments beeinflußt aufgrund der Spielregeln das Ergebnis des nächsten Experiments, auch wenn eine Determinierung zu hundert Prozent nicht möglich ist. Damit wir uns richtig verstehen: In der Folge meinen wir immer die reine und völlige Zufallsabhängigkeit der ersten Sequenz und nicht die reduzierte Zufälligkeit der beiden letzten Beispiele. Die Se-

*In der Grafik sind einige »Würfeltypen« abgebildet. Am häufigsten ist der echte Würfel mit sechs quadratischen Flächen. Das Dodekaeder weist zwölf fünfeckige Flächen, das Ikosaeder zwanzig dreieckige Flächen auf. Und mit dem pyramidenförmigen Würfel kann man Zufallsfolgen der Zahlen von 0 bis 9 erzeugen.*

quenzen, die nicht mit dem Schweizer Franken gewonnen wurden, konnten wir mit Hilfe statistischer Tests ja entlarven.

**Zufallssequenzen mit Würfel oder Glücksrad**

Es gibt noch weitere Verfahren zur Erzeugung echter Zufallssequenzen. Wenn wir Sequenzen der Zahlen 1, 2, 3, 4, 5 und 6 brauchen, können wir einen Würfel verwenden. Im Handel gibt es auch spezielle »Würfel« in Form anderer regelmäßiger Polyeder. Das Tetraeder hat vier, das Oktaeder acht dreieckige Flächen, das Dodekaeder zwölf fünfeckige Flächen und das Ikosaeder zwanzig dreieckige Flächen. In der Graphik rechts ist noch ein ganz ausgefallener Polyeder abgebildet. Man kann mit ihm Zufallssequenzen des dezimalen Typs erzeugen, also mit den Ziffern von 0 bis 9. Er hat zehn Flächen und besteht aus zwei Pyramiden mit je fünf Flächen, die miteinander an der Unterseite verklebt wurden. Auf jeder Fläche steht eine andere Zahl.

Anstelle der Würfel kann man auch stets auf ein Glücksrad zurückgreifen. Wenn man zum Beispiel ein solches Rad in 26 gleiche Sektoren unterteilt, kann man damit Zufallssequenzen aus 26 Buchstaben des Alphabets gewinnen. Wir haben ein solches Rad gebaut und die folgenden wenig attraktiven Ergebnisse bei fünfzig Experimenten erhalten:

| | | | | |
|---|---|---|---|---|
| GLSMO | KTWYS | JFJBG | CBFPY | CNZPX |
| MESMJ | GTPIX | RUAZD | AITHA | ABZOI |

Eine historische Notiz wollen wir hier noch nachtragen, wie wir dies schon mehrfach in diesem Buch getan haben: Die Mechanis-

men mit »Gedächtnis«, also jene »klebrigen« oder dauernd hin und her springenden Sequenzen, wurden vom russischen Mathematiker und Wahrscheinlichkeitstheoretiker Andrej Andrejewitsch Markow (1856–1922) in besonderem Maße untersucht. Man spricht in diesem Zusammenhang deswegen von Markow-Ketten.

**Die Chiffre mit nicht wiederverwendbarem Schlüssel**

In diesem Abschnitt wollen wir die Vigenère-Chiffre bis auf die Spitze treiben. Wir wissen bereits, daß die Zuverlässigkeit der Chiffre steigt, je länger, je weniger vorhersehbar und chaotischer das Schlüsselwort ist. BARBAR ist ohne Zweifel besser als PAPA, VANDALE besser als BARBAR, MUSKETIER besser als VANDALE und XRATA BRARKIA besser als MUSKETIER.

Wir wollen hier ein wenig zufälliges Schlüsselwort verwenden, das genauso lang ist wie die Botschaft. Dieses Schlüsselwort ist binär im Falle einer binären Botschaft, und wir können es mit Hilfe einer Münze erzeugen.
Wenn wir hingegen normale Buchstaben des Alphabets nehmen, brauchen wir ein Glücksrad mit 26 Sektoren.
Hier ein Beispiel, bei dem wir die zuvor gewonnenen Zufallssequenzen verwendet haben:

LES ESPIONS ONT FORCE NOS CHIFFRES GRACE A LEUR ORDINATEUR

GLS MOKTWYS JFJ BGCBF PYC NZPXMESM JGTPI X RUAZ DAITHAABZO

RPK QGZBKLK XSC GUTDJ CMU PGXCRVWE PXTRM X CYUQ RRLBUATFTF

(»Die Spione haben dank ihrem Rechner unsere Chiffren geknackt«.) Bei dieser Chiffre wird das Schlüsselwort nicht wiederverwendet. Bei der Chiffrierung mit Hilfe der Vigenère-Tafel wiederholt man das Schlüsselwort so oft, wie es notwendig ist. Wenn hingegen bei dieser Chiffrierung das Schlüsselwort zu Ende ist, muß man mit dem Verschlüsseln aufhören. Glücklicherweise hatte die Botschaft in unserem vorliegenden Beispiel nur 49 Buchstaben.
Vielleicht haben Sie den Eindruck, eine solche Chiffrierung mit einem solchen zufallsbestimmten Schlüssel, der kein zweites Mal wiederverwendet wird, sei nichts Besonderes. Sie ist jedoch das absolute Nonplusultra der Kryptographie.

**Perfektion fasziniert**
In unserem Jahrhundert hat die Kryptologie Riesenschritte vorwärts gemacht. Sie bedient sich heute eines äußerst raffinierten mathematischen Rüstzeugs. Als Vater der modernen theoretischen Kryptographie gilt Claude Shannon (geb. 1916). Im Jahr 1949 veröffentlichte er einen langen wissenschaftlichen Beitrag von grundlegender Bedeutung: »Communication Theory of Secrecy Systems« (»Kommunikationstheorie von Geheimhaltungssystemen«). Den Beitrag hatte Shannon, wenn auch erst in provisorischer Form, bereits während der Jahre des Zweiten Weltkriegs geschrieben. Er war aber aus leicht einsichtigen Gründen nicht erschienen. Shannon ist auch der Vater der Informationstheorie, einer modernen mathematischen Disziplin.
Angesichts der Tatsache, daß die Mathematik triumphalen Eingang in die Kryptographie gefunden hat, wundert es nicht, daß es auch kryptologische Theoreme gibt. Wir behandeln hier einige, die von äußerster Wichtigkeit sind.
*1. Theorem:* Wenn man eine Chiffre mit nicht wiederverwendbarem Schlüssel zu Hilfe nimmt, so entspricht die Aufeinanderfolge der Buchstaben oder Ziffern, die das Kryptogramm zusammensetzen, einer reinen Zufallsfolge.
*2. Theorem:* Wenn man eine Chiffre mit nicht wiederverwendbarem Schlüssel nimmt, so ergibt das Kryptogramm bei einem Fehlen des Schlüssels keinerlei Information über den Inhalt der Botschaft im Klartext.
Der Inhalt des zweiten Theorems ist explosiv. Wenn für eine Chiffre das zweite Theorem nach den Vor-

*Der amerikanische Mathematiker Claude Shannon ist der Vater der Informationstheorie. Er beschäftigte sich auch mit Schachautomaten und trug zur Entwicklung der sogenannten künstlichen Intelligenz bei.*

aussetzungen von Shannon zutrifft, so spricht man zu Recht von einem vollkommenen, nicht knackbaren Chiffrierverfahren. Die Aussage des zweiten Theorems ist keinesfalls eine fromme Hoffnung, sondern eine rigorose beweisbare mathematische Aussage.

Die völlige Zufallsabhängigkeit der Buchstaben des Kryptogramms (erstes Theorem) ist von entscheidender Bedeutung für den Beweis, daß diese Chiffrierverfahren mit nicht wiederholtem Schlüssel vollkommen sind und nicht geknackt werden können. Bei unvollkommenem Chiffrierverfahren verbirgt das Kryptogramm, so chaotisch es auch auf den ersten Blick aussehen mag, stets irgendwo eine gewisse Regelhaftigkeit, auch wenn man sie fast nicht erkennt. Ist man jedoch auf sie gestoßen, so bietet sie dem Kryptanalytiker einen Ausgangspunkt, um den Geheimcode auszuhebeln.

**Der Preis für die Vollkommenheit**

Wie wir gesehen haben, erfüllt ein Chiffrierverfahren mit einem nur einmal angewandten Schlüssel alle Anforderungen an absolute Geheimhaltung. Es wundert uns deswegen nicht, wenn es zum Schutz des »heißen Drahtes« zwischen Washington und Moskau, also zwischen dem Präsidenten der Vereinigten Staaten und dem Staatspräsident der Sowjetunion, eingesetzt wird. An diesem Punkt könnte der Leser gleich in eine euphorische Stimmung verfallen. Wenn Washington und Moskau sich eines unknackbaren Codes bedienen, warum sollte das dann nicht jedermann können? Der tausendjährige Traum der Kryptographen scheint Wahrheit geworden zu sein. Man könnte sogar denken, die Kryptographie habe nun ihre Aufgabe erfüllt: Sie hat uns ein vollkommenes Chiffrierverfahren geschenkt, und mehr brauchen wir gar nicht von ihr. Die Wirklichkeit sieht allerdings etwas komplizierter aus. Unsere vollkommene Chiffre hat einen großen Nachteil. Sie ist äußerst mühselig anzuwenden. Das Problem besteht darin, daß der Schlüssel zur Chiffrierung des Klartexts äußerst lang ist. In den meisten Fällen braucht man aber leicht zu handhabende Schlüssel, die viel kürzer sind als die Botschaft. Trotz ihrer Vollkommenheit werden Chiffrierverfahren mit nur einmal angewandtem Schlüsel wenig verwendet. Sie sind einfach zu teuer. Zur Enttäuschung des Lesers haben wir auch noch ein drittes Theorem mit ebenso rigoroser und unausweichlicher Aussage.

*Drittes Theorem.* Bei einem vollkommenen Chiffrierverfahren kann der Schlüssel nicht kürzer sein als der Klartext.

Mit anderen Worten: Es gibt keine vollkommenen Chiffrierverfahren, die leicht anzuwenden sind. Die Perfektion, die wir in Händen wähnten, ist uns glatt wieder entwischt!

**Eine fast unknackbare Chiffre auf der Grundlage des Telefonbuchs**

Es ist ein äußerst zeitraubendes Unterfangen, Zufallsfolgen von Buchstaben oder Ziffern mit Hilfe eines Würfels, einer Münze oder eines Glücksrads zu erzeugen. Das Telefonbuch kann uns da etwas aus der Patsche helfen.

Wir haben das Telefonbuch der Stadt Triest verwendet; wir haben es auf einer beliebigen Seite aufgeschlagen und die letzten vier Ziffern der Telefonnummern von dreizehn Fernsprechteilnehmern aufgeschrieben. Wir sind zu folgendem Ergebnis gelangt (die zweite Zeile erhielten wir aufgrund der ersten, indem wir 0 für gerade und 1 für ungerade Zahlen einsetzten):

uns die darin enthaltenen Telefonnummern ausgehen. Den Schlüssel des Chiffrierverfahrens könnte der Name des Fernsprechteilnehmers sein, mit dem der Schlüssel beginnt.

| | | | | | | | | | | | | |
|---|---|---|---|---|---|---|---|---|---|---|---|---|
| 1984 | 5429 | 1611 | 3677 | 7254 | 1144 | 1664 | 4446 | 1735 | 0776 | 7496 | 1439 | 6162 |
| 1100 | 1001 | 1011 | 1011 | 1010 | 1100 | 1000 | 0000 | 1111 | 0110 | 1010 | 1011 | 0100 |

Auf den ersten Blick gibt es keine Schwierigkeiten, auch wenn vielleicht noch ein leichter Zweifel zurückbleibt: Haben auch Sie bemerkt, daß sich in der ersten Zeile nur eine einzige 0 befindet? Eine zufallsbestimmte Dezimalsequenz kann man sofort in eine ebensogute zufallsbestimmte Sequenz im binären System verwandeln. Das haben wir bei der zweiten Zeile durchgeführt. Es besteht somit Anlaß zur Hoffnung, daß es gelingt, ein binäres Chiffrierverfahren mit nur einmal angewandtem Schlüssel mit Hilfe des Telefonbuchs zu konstruieren – mindestens so lange, bis

Natürlich ist auch das Telefonbuch nicht der richtige Weg auf der Suche nach einem fast vollkommenen Chiffrierverfahren, das auch leicht zu handhaben ist. Man kann die Kryptographen nicht dazu zwingen, mit umfangreichen Telefonbüchern unterm Arm auf Reisen zu gehen, auch wenn dies tatsächlich oft vorgekommen ist. Anstelle von Telefonbüchern verwendeten sie auch demographische Daten, Katasterlisten und anderes umfangreiches Material.
Die Lösungen, die heute angewendet werden, sind ganz verschieden, siehe nächstes Kapitel.

## *Übungen*

1. Die folgende binäre Sequenz wurde mit Hilfe jenes berühmten Schweizer Frankens gewonnen, von dem zu Beginn des Kapitels die Rede ist:
010011000111000011111
Glauben Sie das?

2. Und trauen Sie dieser Ziffernfolge?
11101101111001110010111

3. Wir schlagen Ihnen einen neuen Zufallsgenerator für Ziffern vor: Wir werfen eine Münze neunmal und schreiben dann auf, wie oft der Kopf erschienen ist. Das ist keinmal, einmal, zweimal usw. bis neunmal möglich. Weitere neun Würfe, eine weitere Zufallszahl usw. Was erscheint Ihnen merkwürdig an diesem System?

*(Lösungen auf Seite 127)*

# 14 Die Kryptographie der Zukunft

In diesem letzten Kapitel wollen wir etwas über die fast unknackbaren Schlüssel und die öffentlichen Verschlüsselungsverfahren lernen.
Wir werfen hundertmal einen Schweizer Franken und nehmen an, es trete das unwahrscheinliche, aber nicht unmögliche Ereignis ein, von dem schon in Zusammenhang mit den Teufelchen die Rede war: Hintereinander kommt fünfzigmal die Ziffer 0, und dann folgt fünfzigmal die 1. In diesem Fall würde unser statistischer Test ein negatives Urteil sprechen und die Möglichkeit einer Zufallsfolge ausschließen. Es besteht allerdings die winzige Möglichkeit, daß sich hier auch der Test täuscht. Er könnte aber auch den umgekehrten Fehler machen, und das ist von unserem Gesichtspunkt aus viel interessanter: Der Test könnte eine Sequenz als zufallsbestimmt bezeichnen, obwohl sie es überhaupt nicht ist, sondern es nur zu sein vorgibt. In diesem Zusammenhang spricht man von einem Pseudozufall. Mit Pseudozufallsfolgen kann man fast vollkommene Chiffren konstruieren. Die Vorsilbe Pseudo- bedeutet »fälschlich«. Der Pseudozufall ist also ein simulierter Zufall. Wir setzen es uns zum Ziel, ein bißchen Perfektion gegen leichte Handhabbarkeit einzutauschen. Dieses Ziel ist scheinbar leicht zu erreichen, denn es gibt heute eine ganze Reihe von Methoden zur Erzeugung binärer Pseudozufallsfolgen. Sie erfüllen gut die Forderungen der Kryptographie. Doch das Ganze ist ein sehr heikles Thema. Um uns verständlicher zu machen, wollen wir zwei solche Verfahren beschreiben. Auf diese Weise verstehen wir besser, was unter Pseudozufall zu verstehen ist und wie er sich vom echten Zufall unterscheidet. Eine kurze Präzisierung vorab: Die Ziffern, die wir hier erzeugen, gehören dem Dezimalsystem an und nicht dem binären, wie es für Computer eigentlich angebracht wäre. Das ist aber kein wirkliches Problem: Wir wissen bereits, daß man eine Zufallssequenz von Dezimalzahlen leicht in eine Zufallssequenz von binären Zahlen überführen kann.
Im Kasten unten sind die ersten Stellen nach dem Komma der Zahl $\pi$ (pi) angegeben. Sie bezeichnet das Verhältnis zwischen Kreisumfang und Kreisdurchmesser:

3,1415926535 8979323846
2643383279 5028841971
6939937510 8214808641

*Auch die Kryptographie ist wie jeder andere Bereich des modernen Lebens von der Informatik tiefgreifend verändert worden.*

*Der ungarischstämmige Mathematiker John von Neumann (1903–1957). Er schuf zusammen mit O. Morgenstern die Spieltheorie.*

Natürlich mußten wir an einem bestimmten Punkt Schluß machen. Dabei haben wir uns nicht groß bemüht, denn sechzig Stellen nach dem Komma sind wirklich wenig. Wer etwas mehr braucht, zieht die Tabelle auf dieser Seite unten zu Hilfe. Richten wir unsere Aufmerksamkeit auf diese Zahlen.
Sie haben nichts Zufälliges an sich, weil sie aus rigorosen Berechnungen hervorgegangen sind. Das Würfeln spielte dabei keine Rolle. Wenn jedoch jemand sie niedergeschrieben und einfach die ersten drei, die bekanntesten, weggelassen hätte, so hätte sich mit Sicherheit jeder von uns täuschen lassen und sie für wirkliche Zufallsziffern gehalten, die durch die Würfe eines zehnseitigen Polyeders entstanden seien. Auch die Tests zur Kontrolle der Zufälligkeiten hätten sich dabei täuschen lassen. Vielleicht haben wir hier endlich einen Ausweg aus unseren Schwierigkeiten gefunden.

**Die Zahl $\pi$ lädt zum Spielen ein**
Konstruieren wir ein pseudo-vollkommenes Chiffrierverfahren auf Grundlage der folgenden Regel: Als Schlüssel verwenden wir die Zahl $\pi$ und beginnen mit der zehnten Stelle nach dem Komma, also einer Fünf. Natürlich müssen der Verschlüßler und der Entschlüßler eine Maschine zur Verfügung haben, die endlos die Stellen der Zahl $\pi$ berechnet.
Offensichtlich haben wir hier den richtigen Weg eingeschlagen. Der Schlüssel ist sehr kurz: Man muß nur festlegen, mit welcher Stelle der Zahl $\pi$ nach dem Komma man

*In dieser Tabelle sind die ersten tausend Stellen der Zahl $\pi$ nach dem Komma wiedergegeben.*

$\pi = 3, +$

| | | | | |
|---|---|---|---|---|
| 1415926535 | 8979323846 | 2643383279 | 5028841971 | 6939937510 |
| 8214808641 | 3282306647 | 0938446095 | 5058223172 | 5359408128 |
| 4428810975 | 6659334461 | 2847564823 | 3786783165 | 2712019091 |
| 7245870066 | 0631558817 | 4881520920 | 9628292540 | 9171536436 |
| 3305727036 | 5759591953 | 0921861173 | 8193261179 | 3105118548 |
| 9833673362 | 4406566430 | 8602139494 | 6395224737 | 1907021798 |
| 0005681271 | 4526356082 | 7785771342 | 7577896091 | 7363717872 |
| 4201995611 | 2129021960 | 8640344181 | 5981362977 | 4771309960 |
| 5024459455 | 3469083026 | 4252230825 | 3344685035 | 2619311881 |
| 5982534904 | 2875546873 | 1159562863 | 8823537875 | 9375195778 |
| 3809525720 | 1065485863 | 2788659361 | 5338182796 | 8230301952 |
| 5574857242 | 4541506959 | 5082953311 | 6861727855 | 8890750983 |
| 8583616035 | 6370766010 | 4710181942 | 9555961989 | 4676783744 |
| 9331367702 | 8989152104 | 7521620569 | 6602405803 | 8150193511 |
| 6782354781 | 6360093417 | 2164121992 | 4586315030 | 2861829745 |
| 3211653449 | 8720275596 | 0236480665 | 4991198818 | 3479775356 |
| 8164706001 | 6145249192 | 1732172147 | 7235014144 | 1973568548 |
| 4547762416 | 8625189835 | 6948556209 | 9219222184 | 2725502542 |
| 8279679766 | 8145410095 | 3883786360 | 9506800642 | 2512520511 |
| 0674427862 | 2039194945 | 0471237137 | 8696095636 | 4371917287 |

beginnt. In unserem Fall ist es, wie gesagt, die zehnte:

| | | |
|---|---|---|
| Schlüssel: 10 (= zehnte Stelle nach dem Komma) | | |
| Pseudozufallssequenz, dezimal: | 58979323846 2643383279 usw. |
| Pseudozufallssequenz, binär: | 10111101000 0001101011 usw. |

Man kann dem entgegenhalten, daß es die Maschine, deren Existenz wir vorausgesetzt haben, in Wirklichkeit nicht gibt, denn jede reale Maschine, mag sie noch so raffiniert sein, schafft an einem bestimmten Punkt den Zahlenwust nicht mehr und bleibt stehen. Das stimmt. Es gibt allerdings einen Ausweg, auch wenn er etwas brutal anmutet: Nehmen wir an, unsere Maschine könne höchstens 10.000 Ziffern berechnen und bliebe dann stehen. An diesem Punkt fangen wir einfach wieder von vorne an (14159 ...).

Natürlich ist die Periodizität eine miserable Eigenschaft, weil echte Zufallsfolgen überhaupt nicht periodisch sind. Man muß sich dabei um so mehr Sorgen machen, je kürzer die Periode ist. Leider sind 10.000 Ziffern wenig im Hinblick auf die Anforderungen der heutigen Kryptographie. In Wirklichkeit kann man mit großen Computern heute bereits 100 Millionen Stellen von $\pi$ berechnen! Trotz dieser Superzahl mag der Leser den Eindruck gewonnen haben, unsere pseudo-vollkommene Chiffre sei insgesamt doch etwas konfus. Die Idee, die dahintersteht, ist allerdings gut, auch wenn es in der Kryptographie niemandem in den Sinn käme, die Stellen der Zahl $\pi$ als Chiffre zu Hilfe zu nehmen. Es gibt andere, bequemere Systeme. Eines davon hat der ungarischstämmige Amerikaner John von Neumann vorgeschlagen. Er ist einer der größten Mathematiker unseres Jahrhunderts und wird Vater der Spieltheorie genannt. Diese mathematische Disziplin ist weniger harmlos als der Name vermuten läßt, denn sie beschäftigt sich auch mit wirtschaftlichen und sogar militärischen »Spielen«.

Wir gehen von einer Zahl mit zehn Ziffern aus. Wir setzen sie ins Quadrat. Das Ergebnis teilen wir in drei Blöcke auf, einen Schwanz mit fünf

*Dieses berühmte Plakat der Firma Olivetti geht auf die fünfziger Jahre zurück. Es drückt auf symbolische, aber sehr wirkungsvolle Weise die immer größere Bedeutung der Zahlen in der heutigen Welt aus.*

Ziffern, einen zentralen Teil mit zehn Ziffern und einen Kopf vorne mit vier oder fünf Ziffern. Die Ziffern des zentralen Teils übertragen wir und erheben sie wieder ins Quadrat. Auch vom zweiten Ergebnis behalten wir nur den zentralen Teil, erheben diesen wieder ins Quadrat usw. Hier ein Beispiel:

| | | | | | | |
|---|---|---|---|---|---|---|
| Ausgangszahl | = | 7321537448 | | | | |
| Erstes Quadrat | = | $7321537448^2$ | = | 53604 | 9106024663 | 52704 |
| Zweites Quadrat | = | $9106024663^2$ | = | 82919 | 6851631642 | 63569 |
| Drittes Quadrat | = | $6851631642^2$ | = | 46944 | 8561576556 | 16164 |
| Viertes Quadrat | = | $8561576556^2$ | = | 73300 | 5931242488 | 21136 |
| Fünftes Quadrat | = | $5931242488^2$ | = | 35179 | 6374514564 | 30144 |

Die Pseudozufallsfolge aus den zentralen Ziffern lautet dann:

9106024663 6851631642 8561576556 5931242488 6374514564

Die Sequenz aus fünfzig Ziffern, die wir auf diese Weise erhalten haben, sieht in Wirklichkeit ziemlich chaotisch aus. Natürlich muß man sehr vorsichtig bei der Wahl der Ausgangszahl sein. Der Leser möge es einmal mit der Zahl 1.000.000.000 probieren: Das Ergebnis ist eine wahre Katastrophe! Man muß eine wenig regelmäßige Zahl zu Hilfe nehmen, vielleicht eine, die man durch zehnmaliges Würfeln mit einem zehnseitigen Polyeder erhalten hat. Man kann hier auch das Telefonbuch zu Hilfe nehmen.

Das beschriebene Verfahren läßt sich mit Hilfe eines Computers automatisieren. Jedesmal, wenn man eine neue Tabelle mit Pseudozufallszahlen benötigt, füttert man die Maschine mit einer Ausgangszahl. Hier haben wir nun die Möglichkeit zur Hand, eine pseudoperfekte Chiffre zu realisieren. Der Schlüssel entspricht der Ausgangszahl, also nur einer Sequenz von zehn Ziffern.

Eine mathematische Analyse könnte uns beweisen, daß auch das neue System unter einer Periodizität leidet. Um ehrlich zu sein, zeigen alle Verfahren zur Erzeugung von Pseudozufallsfolgen eine gewisse Periodizität, auch die ausgeklügeltsten, die sich die Mathematiker ausgedacht haben und die viel besser funktionieren als die Zahl $\pi$ oder das eben beschriebene Verfahren. Nun, wegen der Periodizität brauchen wir uns keine Sorgen zu machen! Heute gibt es bequeme Systeme, die zwar periodisch sind, doch mit einer astronomisch großen Periode. Sie wiederholen sich zum Beispiel nach über $10^{80}$ Schritten. $10^{80}$ ist eine besondere Zahl: Den Schätzungen der Physiker zufolge liegt die Zahl der Atome, die das gesamte Universum, darin eingeschlossen die entferntesten Galaxien, umfaßt, eben in der Größenordnung von $10^{80}$. Wir laufen also kaum Gefahr, die Ziffern der ersten Periode vollständig verwendet zu haben und zur zweiten Periode übergehen zu müssen.

Das bisher Behandelte können wir folgendermaßen zusammenfassen: Das Ziel der pseudo-perfekten Chiffrierverfahren ist durchaus vernünftig, und solche Methoden werden tatsächlich von Diploma-

ten und Militärs verwendet. Dennoch ist Vorsicht geboten. In der Kryptographie gilt weiterhin, daß man nicht vorsichtig genug sein kann!
Pseudozufallsfolgen werden heute auch außerhalb der Kryptographie verwendet. Ingenieure, Wirtschaftswissenschaftler, Mathematiker und andere Berufe stimulieren mit ihrer Hilfe beispielsweise Erscheinungen des realen Lebens, bei denen zufällige und nicht voraussehbare Faktoren eine Rolle spielen. Erzeugt werden sie von einem beliebigen Computer, der über ein entsprechendes Programm verfügt. Leider gibt es ein einziges Anwendungsgebiet, auf dem die normalerweise verwendeten Programme miserabel scheitern. Fast unnütz zu sagen: Es ist die Kryptographie! Um genauer zu sein: Mit den normalen Verfahren zur Erzeugung von Pseudozufallszahlen erhält man Chiffren, die sehr anfällig sind gegenüber Entzifferungen mit Hilfe eines Klartextes (erinnern Sie sich an den Stein von Rosette, mit dessen Hilfe Champollion die ägyptischen Hieroglyphen entzifferte). Die Gefahr ist so groß, daß es keinem Kryptologen in den Sinn käme, solche Chiffrierverfahren zu verwenden. Wenn Ihnen jemand ein pseudo-perfektes Chiffrierverfahren verkaufen will und es mit der Behauptung anpreist, die Sequenz der Pseudozufallszahlen weise eine astronomische Periodenlänge auf, so seien Sie vorsichtig: Eine sehr lange Periode reicht nicht aus, um die Sicherheit des Systems zu gewährleisten.
Eines der am meisten beackerten Forschungsgebiete der heutigen Kryptologie sind ausgerechnet die Verfahren zur Erzeugung von Pseudozufallszahlen, die anders sind als die normalen und die die hohen

*Der griechische Mathematiker und Astronom Eratosthenes lebte im 3. Jahrhundert v. Chr. Er berechnete den Abstand des Mondes und der Sonne von der Erde sowie den Erdumfang. Sein Name ist verewigt im Sieb des Eratosthenes, einem einfachen, aber sehr zeitaufwendigen Verfahren zur Erstellung einer Primzahltabelle.*

Ansprüche der Kryptologen erfüllen. Es geht dabei um sehr viel, denn die Forscher wollen dem absolut unknackbaren Code nahekommen, nämlich der Chiffre mit nur einmal angewandtem Schlüssel. Viele Forschungen auf diesem Gebiet unterliegen einer sehr strengen militärischen Geheimhaltung. Der verbotene Traum der Kryptographen ist eine Art Computer-Pseudowürfel, der fast so funktioniert wie der ganz gewöhnliche Spielwürfel. Dies alles erscheint sehr leicht, aber ...

**Abschweifungen über die Primzahlen**

Seit der Antike arbeiten die Forscher daran, lange Tabellen von Primzahlen aufzustellen. Eine raffinierte Lösung ist das sogenannte Sieb des Eratosthenes. Eratosthenes war ein griechischer Mathematiker und Astronom, der im 3. Jahrhundert v. Chr. lebte. Bei seinem Sieb schreibt man alle ganzen Zahlen hintereinander, angefangen von 2 bis, sagen wir einmal, zur 25. Die 2 ist eine Primzahl. Wir kreisen die Zahl ein und streichen gleichzeitig alle ihre Vielfache (d. h. die geraden Zahlen), weil sie ja die 2 als Primfaktor enthalten.

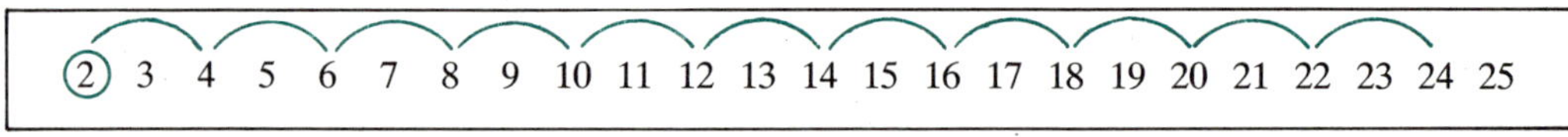


Gehen wir zur 3 über, die ebenfalls eine Primzahl darstellt. Wir kreisen sie ein und streichen alle Vielfachen von 3:

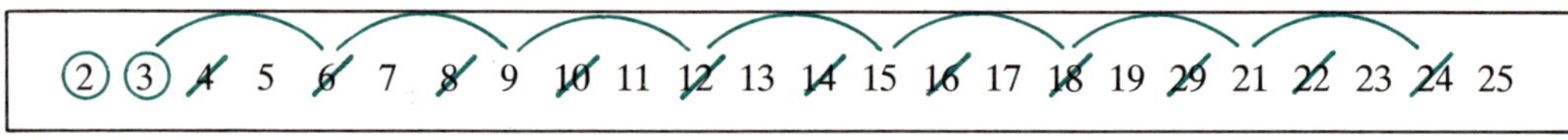


Ebenso behandeln wir die nächste Primzahl, die 5:

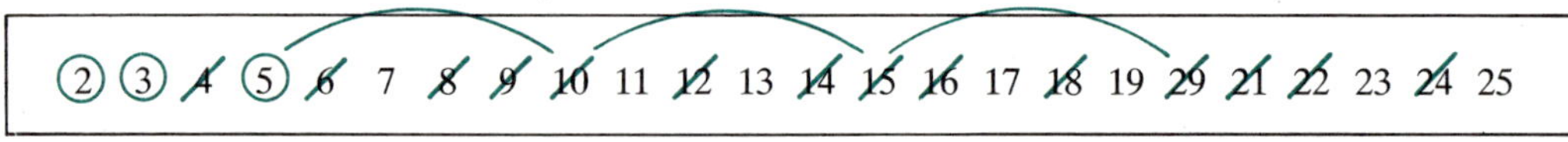


Die Vielfachen von 7 und von 11 sind bereits gestrichen. Die erste Vielfache von 13 ist größer als 26. Wir müssen also nicht mehr weitermachen. Die Primzahlen bis 25 lauten also 2, 3, 5, 7, 11, 13, 17, 19 und 23. Das Sieb des Eratosthenes ist mithin ein Algorithmus, mit dem man Primzahlen erzeugen oder entdecken kann. Als Algorithmus bezeichnen wir eine beliebige Rechenvorschrift, wobei man den Begriff »rechnen« in einem sehr weiten Sinn auffassen kann.

Ein weiteres verwandtes Problem ist die Primzahlzerlegung. Nehmen wir an, jemand sagt Ihnen, Sie sollten die Zahl 221 in ihre Primfaktoren zerlegen. Sie können versuchsweise vorgehen, sich vielleicht mit dem Sieb des Eratosthenes behelfen. Wenn die Zahl 221 im Sieb hängen bleibt, läßt sich die Zahl zerlegen; wenn sie durchschlüpft, ist sie selber eine Primzahl. Machen wir einen Versuch. Das Sieb zeigt uns, daß die Primzahl 13 ein Teiler von 221 ist, denn 221 : 13 = 17. Da auch 17 eine Primzahl ist, haben wir die gewünschte Primzahlzerlegung gefunden: 221 = 13 × 17.

Um die Zahl 221 zu zerlegen, haben wir einen sehr einfachen und leicht verständlichen, in der Handhabung aber sehr umständlichen Algorithmus verwendet. Er verlangt nämlich sehr viel Zeit und muß bis zum Ende durchgeführt werden. Das Sieb des Eratosthenes ist so langsam, daß es keinen praktischen Wert besitzt. Wer nicht daran glaubt, soll die Zahl 66.167 in ihre Primfaktoren zerlegen. Das umgekehrte Problem, nämlich ausgehend von Primfaktoren ein Produkt zu erhalten, bietet überhaupt keine Schwierigkeiten. Es reicht aus, wenn man den wohlbekannten Algorithmus der Multiplikation zu Hilfe zieht. Mit Leichtigkeit findet man dann heraus, daß das Produkt der Primfaktoren 127 und 521 genau 66.167 ist.

Fassen wir kurz zusammen. Primzahlen herauszufinden und dingfest zu machen, ist eine sehr zeitaufwendige Arbeit. Für die Primzahlzerlegung braucht man noch viel mehr Zeit. Eine nichtprime Zahl aus Primzahlen zusammenzusetzen, ist jedoch eine leichte Angelegenheit.

Natürlich gilt dies alles nur, wenn wir unsere Algorithmen anwenden. Was geschieht aber, wenn wir andere Rechenverfahren zu Hilfe

nehmen, wie sie die Mathematiker im Lauf der Jahrhunderte ausgearbeitet haben? Was geschieht gar, wenn wir einen modernen Großcomputer zu Hilfe nehmen?
Nach 2000 Jahren der Anstrengung von seiten der brillantesten Mathematiker, darunter auch von Karl Friedrich Gauss (1777–1855), ist die Situation die folgende:
1. Es wurden sehr schnelle Algorithmen zur Erzeugung sehr großer Primzahlen gefunden. Von diesem Gesichtspunkt aus gesehen, hat sich die Situation seit den Zeiten des Eratosthenes grundlegend geändert. In wenigen Minuten gelingt es, Primzahlen mit hundert oder zweihundert Stellen zu erzeugen. Dazu braucht man allerdings einen sehr guten Computer.
2. Wir kennen noch keine schnellen Algorithmen für die Primzahlzerlegung. Auch wenn wir die modernsten Computer zu Hilfe nehmen, kann die Antwort Billionen von Jahren auf sich warten lassen!

**Kryptographie mit öffentlichen Schlüsseln: Die RSA-Chiffre**
Unser Exkurs über die Primzahlen diente dazu, das Terrain für die Beschreibung einer außergewöhnlichen Chiffre vorzubereiten. Sie erschütterte die herkömmliche Kryptographie, denn es ist nicht mehr nötig, den Schlüssel geheimzuhalten! Das erscheint paradox, ist es aber nicht. Es wird uns leichtfallen, den Leser davon zu überzeugen, daß es eine logische Möglichkeit zur Konstruktion einer Chiffre mit öffentlichem Schlüssel gibt. Diese Kryptographie mit öffentlichem Schlüssel (Public key) ist der innovativste Beitrag der kryptologischen Forschung unseres Jahrhunderts. Die RSA-Chiffre, um die es hier geht, geht auf das Jahr 1978 zurück. Die Buchstabenabkürzung bezieht sich auf ihre drei Erfinder, nämlich Ronald Rivest, Adi Shamir und Leonard Adleman. Die RSA-Chiffre hat zwei Schlüssel (das ist der entscheidende Punkt!), einen zum Verschlüsseln, den anderen zum Entschlüsseln. Der zweite Schlüssel besteht aus zwei sehr hohen Primzahlen. Wir bezeichnen sie als P und Q. Der erste Schlüssel wird von ihrem Produkt gebildet. Wir bezeichnen es als M ($M = P \times Q$). Die Primzahlen haben 100 bis 200 Stellen.
Vergessen wir nicht, daß es schnelle Algorithmen zur Erzeugung großer Primzahlen gibt und daß man deren Produkt leicht berechnen kann. Hingegen gibt es noch keine schnellen Algorithmen zur Primzahlzerlegung, wenn die Primfaktoren nicht bekannt sind. Wenn man nur M kennt, kann man daraus P und Q nicht berechnen, es sei denn, man kann sich den Luxus leisten, einige Millionen Jahre zu warten! Die RSA-Chiffre ist folgendermaßen organisiert:
1. Der Empfänger der Botschaft erzeugt zwei hohe Primzahlen und berechnet deren Produkt.
2. Die beiden Primzahlen müssen natürlich geheimgehalten werden und stellen den Schlüssel für die Dechiffrierung durch den Empfänger dar.
3. Das Produkt wird in einer Art Telefonbuch öffentlich neben dem Namen des Empfängers bekanntgegeben. Das ist der öffentliche Schlüssel, mit dem man vertrauliche Botschaften verschlüsselt.
4. Wer eine geheime Nachricht an den Empfänger abschicken will, schaut im Verzeichnis der öffentlichen Schlüssel nach und verschlüsselt seine Botschaft mit der darin angegebenen Zahl.
5. Das Kryptogramm wird an den Empfänger übermittelt.

*Karl Friedrich Gauss (1777–1855) war einer der genialsten Mathematiker aller Zeiten. Das Porträt stammt von H. Wilder.*

6. Der Empfänger entschlüsselt das Kryptogramm mit Hilfe der beiden geheimen Primzahlen.
Nehmen wir an, ein Spion fängt das Kryptogramm ab. Er wird keine Probleme haben, den Schlüssel herauszufinden, den der Absender verwendet hat. Dafür gibt es ja eben das Verzeichnis der öffentlichen Schlüssel. Das Produkt läßt sich aber nicht zerlegen, und dem Spion wird es nicht gelingen, die Botschaft zu entziffern. Möglich wäre das nur, wenn sich der Spion direkt die beiden Primzahlen beschafft. Das ist aber wiederum nicht möglich, weil nicht einmal der berechtigte Absender den Schlüssel kennt.
Kommen wir nun zu den beiden Schlüsseln der RSA-Chiffre. Der Leser kann entgegenhalten, daß die Kryptographie mit öffentlichen Schlüsseln in Wirklichkeit eine Kryptographie mit einem öffentlichen Halbschlüssel und einem geheimen Halbschlüssel ist. In einem gewissen Sinn gibt es bei jedem Geheimcode, auch bei den ganz traditionellen, zwei Schlüssel, nämlich den Schlüssel zum Chiffrieren und den Schlüssel zum Dechiffrieren. Nehmen wir als Beispiel eine Substitutionschiffre. Zur Chiffrierung lesen wir den Schlüssel von oben bis unten, während er zur Dechiffrierung von unten nach oben verwendet werden muß. Bei den herkömmlichen Chiffrierverfahren sind die beiden Schlüssel im wesentlichen dasselbe: ein Übergang vom einen zum anderen Schlüssel ist jederzeit möglich. Bei der RSA-Chiffre ist dies nicht der Fall. Hier ist ein Übergang nur in einer Richtung möglich. Man kann dies mit einer Tür vergleichen, die nur nach einer Richtung hin aufgeht. Man spricht deswegen auch von einer Falltürfunktion.
Wenn es allerdings jemandem gelänge, einen schnellen Algorithmus zur Primzahlzerlegung herauszufinden, so wäre die RSA-Chiffre geknackt. Die Mathematiker glauben, das sei ziemlich unwahrscheinlich. Es gibt in der Tat einige Gründe für die Annahme, daß es solche Algorithmen überhaupt nicht gibt. Wenn man die Nichtexistenz schneller Algorithmen zur Primzahlzerlegung beweisen könnte, würde die RSA-Chiffre an Ansehen noch gewinnen. In Wirklichkeit bleibt der Spionage noch eine enge Straße offen: Vielleicht gibt es Mittel und Wege, um die Chiffre zu knacken, ohne den öffentlichen Schlüssel in seine Primzahlen zerlegen zu müssen. Das ist aber alles Science-Fiction. Bis auf den heutigen Tag ist die RSA-Chiffre und damit die Kryptographie mit öffentlichem Schlüssel sicher.
Die Kuriere, die auf wilden Pferden daherpreschen, um einem Empfänger einen geheimen Schlüssel zu übergeben, die tausend Gefahren, die Kuriere und Spione dafür bestehen mußten, das alles sind nur noch Erinnerungen an die Vergangenheit. Die Straße, die die Kryptographie von der Atbasch bis zur RSA-Chiffre zurückgelegt hat, war sehr lang und steinig.

## *Übungen*

1. Wir versuchen das System von von Neumann zu verändern: Anstatt die Ausgangszahl ins Quadrat zu setzen, verdoppeln wir sie. Was halten Sie vom neuen System? *(Lösungen auf Seite 127)*

# Lösungen

**Erstes Kapitel**

1. Das erste Kryptogramm stammt von Cäsar (A wird zu D), das zweite von Augustus (jeder Buchstabe wird durch seinen Nachfolger ersetzt):
AVDENTESFORTVNAIVVAT
(in heutiger Schrift: AUDENTES FORTUNA IUVAT = Das Glück hilft dem Mutigen), und
FESTINA LENTE (= Eile mit Weile). Diese Maxime schreibt Suetonius dem Kaiser Augustus zu.

2. Die drei Kryptogramme lauten
DG DBKBXAD SHV DQKBXAD
BE BXHXTVB QHS BOHXTVB
DE DXKXXVD QHS DOKXXVD
Den Wert des dritten Kryptogramms werden Sie erst richtig zu schätzen wissen, wenn Sie das Kapitel über die polyalphabetischen Chiffriersysteme gelesen haben.

3. AO*QNMU*UICSLACAPA*ISNT*
Anstelle der Leerräume haben wir Sternchen gesetzt.
Und hier die Skytale

| | | |
|---|---|---|
| A | O | |
| Q | N | M |
| U | | U |
| I | C | S |
| L | A | C |
| A | P | A |
| | I | S |
| N | T | |

4. ANIMUS MEMINISSE HORRET
(= Meine Seele schaudert sich vor der Erinnerung). Das sagt Aeneas, als er vom trojanischen Krieg erzählt.

5. In erweiterter Klarschrift lautet der Text:
DER HERR HAT ES GEGEBEN, DER HERR HAT ES GENOMMEN. Diese Worte von Hiob, der für seine Leiden bekannt wurde, lesen sich in Geheimschrift so:
WJSJJSGHTTZM, WJSJJSGHTMNNM

**Zweites Kapitel**

1. Beim Durchprobieren der verschiedenen Möglichkeiten stoßen wir auf den Schlüssel A → ⊡. Der Klartext lautet:
STEINE IN BROT VERWANDELN

2. Der ungeschickte Kryptanalytiker hat wahrscheinlich unrecht: Den vier aufeinanderfolgenden S im Kryptogramm müßten vier identische Buchstaben entsprechen – und das wäre doch mehr als meeeerkwürdig!

3. Wenn beispielsweise das Paar N (oben) und R (unten) auftaucht, so muß auch das Paar R (oben) und N (unten) vertreten sein. Das gilt für alle Paarungen in der Vertikalen.

4. ABCDEFGHI JKLM
ZYXWVUTSRUPON
Das Chiffrier- und Dechiffrierverfahren ist wie bei der Atbasch. Wenn man auf zwei Zeilen die 26 Buchstaben des Alphabets schreibt, je die Hälfte oben und die andere Hälfte unten, so erhält man eine reziproke Substitution in ökonomischer Form.

5. Es gibt einige Schwierigkeiten, weil 21 eine ungerade Zahl ist. Beginnen wir mit der Niederschrift
ABCDEFGHIKL
XVTSRQPONML
Mit dieser Schreibweise gibt es einen Buchstaben, nämlich das L, das sich selbst verschlüsselt, denn wir haben 22 Buchstaben niedergeschrieben.

6. Sie beruht auf dem Schlüsselwort NEW YORK. Die 26–7=19 verbleibenden Buchstaben werden in ihrer herkömmlichen Reihenfolge niedergeschrieben.

7. Ja und nein. Ohne Veränderung geht dies sicher nicht, denn R und T wiederholen sich zweimal. Man kann aber auf einen kleinen Trick zurückgreifen und das Schlüsselwort neu schreiben. Dabei löschen wir die Buchstaben, die bereits aufgetreten sind. Aus ROTTERDAM wird dann ROTEDAM. Dann sieht die Substitution folgendermaßen aus:
ABCDEFGHI JKLMNOPQRSTUVWXYZ
ROTEDAMBCFGHI JKLNPQSUVWXYZ

8. Die letzten sechs Buchstaben des Alphabets verbleiben in Klarschrift! Eine Lösung könnte so aussehen, daß man die verbleibenden Buchstaben von hinten her aufschreibt:
ABCDEFGHI JKLMNOPQRSTUVWXYZ
ROTEDAMZYXWVUSQPNLKJ IHGFCB

9. Eliminieren wir aus dem Schlüsselsatz die wiederholt auftretenden Buchstaben:
NEAPEL SEHEN UND STERBEN – NEAPLSHUDTRB
Die Substitution sieht dann folgendermaßen aus:
ABCDEFGHI JKLMNOPQRSTUVWXYZ
NEAPLSHUDTRBZYXWVQOMKJ IGFC
und die Botschaft lautet dann:
ANKOMME FREITAG DREIZEHNTEN

10. Hier eine Möglichkeit:
MACBETHDFGI JK
ZYXWVUSRQPONL

**Viertes Kapitel**

1. Die Lösung lautet:
VON DEN FUENF SCHIFFEN FERDINAND MAGELLANS SIND VIER VERLOREN
Das System der Substitution ist das des vierten Kapitels, wobei allerdings das Alphabet der Geheimschrift um eine

Stelle nach links verschoben wurde. Es lautet damit also: RVG◆X...YOJUH.

2. LE GALERE DI VENEZIA HANNO CATTURATO LE NAVI DEI PIRATI BARBARESCHI
Die venezianischen Galeeren haben die Berberschiffe gekapert.

3. Die Substitution kann man sich leicht merken, weil sie auf dem Schlüsselwort COLORADO = COLRAD beruht. Die restlichen Buchstaben wurden umgekehrt aufgeschrieben. Die Botschaft lautet:
BEATA SOLITUDO SOLA BEATITUDO
Dieser fromme Spruch (= Glückliche Einsamkeit, einzige Glückseligkeit) hat vom kryptographischen Standpunkt aus einen großen Fehler. Er enthält zweimal die Endung -ITUDO, was dem Kryptanalytiker weiterhelfen kann.

**Fünftes Kapitel**

1. Bischof und Baron sind mehr wert als der Papa. Er tut nämlich nur so, als bestünde er aus vier Buchstaben; für die Kryptographie hat er nur zwei Buchstaben. Je kürzer das Schlüsselwort, um so leichter die Dechiffrierung. Deswegen taugt auch SO nicht viel. Keines der genannten Wörter kann mit dem MUSKETIER mithalten. Beim BARBAR wiederholt sich die Gruppe BARBAR zweimal, deswegen ist der VANDALE viel besser geeignet.

2. Die Gruppe UEX NGZIXVUQ wiederholt sich nach 21 Buchstaben: 21=3×7. SMARAGD ist das einzige Wort in der Liste, mit sieben Buchstaben. Der Klartext lautet:
AN DER ZEREMONIE NEHMEN TEIL DER KONIG VON ITALIEN UND DER KONIG VON HOLLAND.

**Sechstes Kapitel**

1. VADE RETRO SATANA (= Weiche zurück, Satan).

2. Die Chiffre kennt 26 Schlüssel, nämlich genauso viele, wie die Vigenère-Tafel Zeilen hat. Man kann das Kryptogramm also durch Probieren lösen. Beim vierten Versuch stoßen wir auf die Lösung. Vigenère würde sagen, daß das Schlüsselwort DEFGHIJKLMNOPQRSTUVWXYZABC lautet. Es ist länger als die ganze Botschaft und wiederholt sich deswegen kein zweites Mal: SIC TRANSIT GLORIA MUNDI (= So vergeht der Ruhm der Welt).

3. DER KURIER HAT UNS VERRATEN
Der Schlüssel ist 1492 (BEJC). Glücklicherweise hat das Schlüsselwort keinerlei Beziehung zur Entdeckung Amerikas.

4. Keinesfalls! Denken Sie an das folgende Beispiel:

| | |
|---|---|
| Botschaft: | B I R N B A U M |
| Schlüssel: | R O S A R O S A |
| Erstes Kryptogramm: | S W J N S O M M |
| Schlüssel: | R O S A R O S A |
| Endgültiges Kryptogramm: | B I R N B A U M |

5. Das merkwürdige asiatische Schlüsselwort läßt sich durch VULCANO ersetzen. Dieses Wort kann sich der Kurier leicht merken, und es entspricht nach der Chiffre von Porta völlig dem ursprünglichen Schlüsselwort.

**Siebtes Kapitel**

1. Man muß die Botschaft in zwei Teile aufspalten. Am Ende fügen wir dann vier Einschiebsel hinzu, zum Beispiel BRPT, um 2×16 Buchstaben beziehungsweise Zwischenräume zu erhalten.
Die verschlüsselte Botschaft lautet:
ERORO**LL*EIJUDG*ARTTRUBEEIPS*RE
Die Sternchen bedeuten Zwischenräume. Sie sind wichtig bei der Entschlüsselung. Nach ERORO sind nämlich unbedingt zwei Zwischenräume und nicht nur ein einziger vorhanden.

2. Das Kryptogramm setzt sich aus den Buchstaben zusammen, die in jedem der beiden Teile der Botschaft die Stellen mit den Zahlen 2, 7, 14 usw. besetzen. Mit anderen Worten: Jene Zahlen entsprechen dem Gitter, wie der St.-Cyr-Streifen der Alberti-Scheibe entspricht.

3. Hier ein weiteres Gitter. Versuchen Sie keinesfalls, alle Gitter zu konstruieren: Es gibt deren zu viele:

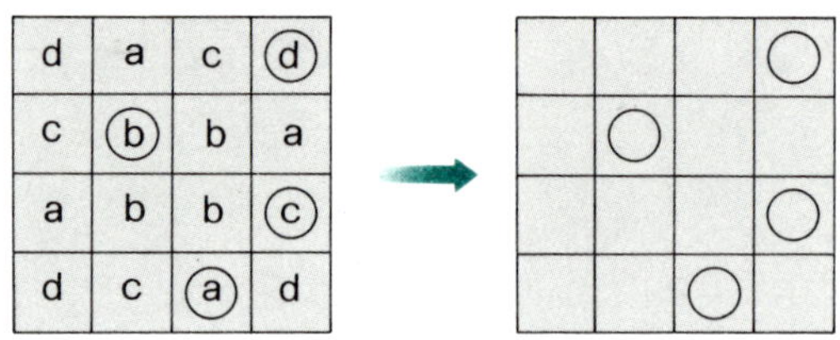


4. Es ist unmöglich. Denken Sie an das Feld im Zentrum: Entweder gibt es dort ein Loch, oder beim Drehen ergibt sich ... oder es ist kein Loch vorhanden, dann stimmt auch etwas nicht! Es kann also keine Gitter mit ungerader Stellenzahl geben.

**Achtes Kapitel**

1. YES. — 2. NICHTS.

**Zehntes Kapitel**

1. WELSH IS EASIER THAN BASKUEX
Oder besser BASQUE. Das X ist nur ein Einschiebsel. Die Übersetzung lautet: Gälisch ist einfacher als Baskisch. Diese Behauptung läßt sich nur schwer überprüfen, weil es wohl nur ganz wenige Menschen gibt, die beide Sprachen beherrschen.

2. DANGEROUS(X) = gefährlich. Das X ist nur ein Einschiebsel.

3. Die zweistelligen Zahlen von 00 bis 99 sind genau hundert, und das reicht nicht einmal im entferntesten für alle Wörter aus, die mit R beginnen! Eine Idee wäre, die Seitenzahlen davorzuschreiben. Wenn sich der CONTADINO auf Seite 10 befindet und seine Majestät der König (RE) auf

Seite 108, so bekäme der Bauer die Zahl 01006 und der König die 10806. Damit dürfte die Hierarchie wiederhergestellt sein.

**Elftes Kapitel**

1. Im wesentlichen haben wir es mit der Chiffre von Trithemius zu tun. In zyklischer Form entspricht sie der Vigenère-Tafel. Es ist nicht allzu schwer herauszufinden, wie die Kontakte aussehen müssen, damit die »Minienigma« die Trithemius-Chiffre genau wiedergibt.

2. Es reichen fünf Rotoren aus. Tatsächlich gilt:
$21^4 = 194.481$, und $25^5 = 4.084.101$, während $26^4 = 456.976$.
Ein Rotor mehr macht unerhört viel aus!

**Zwölftes Kapitel**

1. Die Kombination zwischen einer normalen monoalphabetischen Chiffre und einer homophonen Chiffre ergibt eine neue homophone Chiffre. Ein Beispiel:

| | | | | |
|---|---|---|---|---|
| ...W X Y Z | + | A A B C D... | + | ...W X Y Z Z |
| ...D C B A | | H L ♦ U C... | | ...C U ♦ H L |

Aus Faulheit haben wir die Substitution nur unvollständig wiedergegeben.

2. Nein, nicht besonders! Denken wir an das Beispiel, das in der Lösung angegeben ist. Bei der homophonen Chiffre, die am Ende herauskommt, wird der seltsame Buchstabe Z auf zwei Weisen verschlüsselt. Das ist genau das Gegenteil dessen, was ein gutes homophones System leisten müßte.

3. Wenn wir zweimal hintereinander eine reziproke Substitution verwenden, ist das endgültige Kryptogramm mit dem Klartext identisch. Ein Beispiel:

| | | | | |
|---|---|---|---|---|
| A B C...X Y Z | + | A B C...X Y Z | + | A B C...X Y Z |
| Z Y X...C B A | | Z Y X...C B A | | A B C...X Y Z |

4. Bei der Chiffrierung des anfänglichen Kryptogramms kommt wieder der Klartext heraus. Damit ist auch die Zickzackschrift vom reziproken Typ.

5. Die zweigespaltene Chiffre von Delastelle kann als zusammengesetzte Chiffre gelten. Die erste Teilchiffre, die Buchstaben in Ziffern verwandelt, gehört zur Gruppe der Polybios-Schlüssel. Die zweite Teilchiffre macht von Transpositionen Gebrauch. Die dritte Teilchiffre schließlich verwendet einen Polybios-Schlüssel in umgekehrter Richtung, indem sie Ziffern wieder in Buchstaben verwandelt. Wir haben damit also eine Substitution-Transposition-Substitution. Der nihilistische Schlüssel hingegen kombiniert zwei Transpositionen miteinander. Dennoch ist er keinesfalls banal.

**Dreizehntes Kapitel**

1. Kaum: Es stimmt zwar, daß zehn Nullen und zehn Einsen vertreten sind, aber die Aufeinanderfolge erscheint zu regelmäßig. Wenn sie gar mit fünf Nullen und fünf Einsen weitergeht, dürfte man kein Vertrauen mehr haben!

2. Bis zu einem gewissen Punkt. Regelmäßigkeiten sind zwar keine zu erkennen, doch die Zahl der Einsen ist etwas zu hoch (16 Einsen gegen 7 Nullen).

3. Es funktioniert miserabel. Denken Sie daran, daß die Null und die Neun praktisch niemals auftauchen werden. Wenn Sie es nicht glauben, probieren Sie es aus! Begünstigt werden bei diesen Verfahren die mittleren Zahlen 4, 5 und 6. Sie treten viel zu häufig auf.

**Vierzehntes Kapitel**

1. Das veränderte System taugt gar nichts! Das Quadrat einer Zahl ist viel größer als das Doppelte. Dieses ist statisch und voraussehbar, und die Schnitte rechts und links davon ändern nichts daran. Das Quadrat hingegen ist sehr viel chaotischer und wenig vorhersehbar.

# Bibliographie

Die kryptographische Literatur ist ungeheuer angewachsen und von einem einzigen Spezialisten fast nicht mehr zu bewältigen. In den allermeisten Fällen sind die Bücher oder Artikel jedoch nur dem mathematisch gebildeten Experten zugänglich. Wissenschaftliche Forschungsberichte findet man in zahlreichen Zeitschriften für Mathematik, Informatik und Telekommunikation. Jedes Jahr werden die Akten zweier Fachkongresse mit der Bezeichnung KRYPTO und EUROKRYPT veröffentlicht. Sie finden in den Vereinigten Staaten bzw. in Europa statt und werden von der IACR (International Association for Cryptology Research) veröffentlicht. Seit dem Jahr 1988 veröffentlicht die IACR auch eine Halbjahreszeitschrift, das JOURNAL OF CRYPTOLOGY. Etwas leichter zugänglich (bis zu einem gewissen Punkt!) ist die Zeitschrift CRYPTOLOGIA, die in den Vereinigten Staaten erscheint.
Doch nun zu den Büchern für gewöhnliche Sterbliche: Einen guten Überblick über die Geschichte der Kryptologie bis in die Gegenwart gibt Herbert W. Franke: *Die geheime Nachricht.* Das Buch erschien 1982 im Umschau-Verlag in Frankfurt und ist leider vergriffen. Nur sehr bedingt geeignet für den mathematischen Laien ist das sonst amüsante Büchlein von Albrecht Beutelspacher: *Kryptologie,* Vieweg, Braunschweig 1987. Wir wollen hier noch auf zwei bedeutendere englische Werke hinweisen: Alan G. Konheim, *Cryptography: A Primer,* John Wiley & Sons, New York 1981 und Brian Beckett: *Introduction to Cryptologiy,* Blackwell Scientific Publications, Oxford 1988. Abgesehen von Jules Verne und Edgar Allan Poe spielt die Kryptographie in heutigen Romanen keine große Rolle mehr. Eine Ausnahme bildet der neueste Bestseller von Umberto Ecco: Das Foucaultsche Pendel. Vom kryptographischen Standpunkt aus ist es aber sehr schwach: Man denke zum Beispiel, daß der Name des Trithemius mit banalen monoalphabetischen Chiffren verbunden wird. Das ist eine echte Beleidigung für den guten alten Trithemius!